JN251532

「男の人のことが好きなんてダメだ」

「人に知られてはダメだ」

「知られたら生きていけない」

「幸せな未来なんてあるはずない」

小さい頃、僕はそう思っていました。

でも、大人になった今では、
自信を持って、こう言えます。

「同性愛者だからって
不幸なわけじゃない」

「当たり前じゃない」ことに
悩むこともいっぱいあった。
考えこむこともいっぱいあった。
でも、そんな日々こそが、
僕らの今を、いろいろな色にしてくれる。
〝カラフルな毎日〟をつくってくれている。

僕たちのカラフルな毎日

弁護士夫夫の
波瀾万丈奮闘記

吉田昌史 + 南和行

産業編集センター

はじめに

少し前までは、同性愛だとかゲイだとかいうと、いわゆる「オネエタレント」のことだと思っている人がいっぱいいいた。

ところがここ一年くらいのうちに、レズビアン、ゲイ、バイセクシュアル、トランスジェンダーの頭文字である『ＬＧＢＴ』という言葉を新聞やテレビのニュースでもしょっちゅう見かけるようになった。ＬＧＢＴだけでない、多様な性のシンボル、６色レインボーのステッカーやポスターもいろんなところで見られるようになった。

世の中には、人の数ほどたくさんの「性」があることが、ぼんやりと多くの人に知られるようになり始めた。同性愛者であることを公にしている弁護士夫夫の僕らのところに、「ＬＧＢＴと多様な性をテーマに講演をしてください」という話をいただくことも多い。

でも、僕らが講演などで「同性愛者の弁護士夫夫です」と自己紹介すると、「あれ？普通の男のカッコウしているのですね？」と言われることや、「どっちが男役？女役？」と聞かれることまである。
「僕らは普通にこのままですよ」と答えるしかないのだけど、僕らの何気ない普段の姿というのは、人によってはそれまで抱いていた「同性愛者」のイメージと重ならないこともあるようだ。「ＬＧＢＴとか、多様な性という言葉は理解できるんだけど、実際に会ったことがないからわからないんですよ」と言う人もいた。

たしかにそうかもしれない。
ただ、その人は「同性愛者に実際に会ったことがない」のではない。
その人は「同性愛をカミングアウトしている人に会ったことがない」だけなのだ。

そう、見渡せば、なんてことなく誰もが、それぞれの普段どおりの姿で、普通に暮らしている。それなのに「同性愛者だからって、ちょっと違う暮らしをしているんじゃないの？」と世の中の人が思えば思うほど、何気なく暮らしている同性愛者は息苦しくなる。

僕らの何気ない日常をわざわざ本にする意味があるとすれば、それは「同性愛者だからって、なんてことはない日常ですよ」ということを人に伝えられることだろう。

僕らは仕事や家族の事情がたまたま重なって、同性愛者であることを隠さずに暮らすことができている。だから、家族や友人、仕事で出会ったたくさんの人への感謝の気持ちも込めて書いた。南が書いたエッセイに、ところどころで吉田が茶々を入れたり感想を言ったりする構成にした。

僕ら二人のカラフルな毎日が、読む人によってそれぞれの彩りに映り、クスッと笑ったり、人に話したくなったりするような本となることを願って。

南　和行・吉田昌史

目次

第1章　出会い

掲示板で知り合った二人は、わずかに見えた「未来」を信じてささやかにつきあい始めた。

第2章 就職と結婚

社会へ船出した二人は、
多くの人々との出会いに支えられ
奇跡ともいえる「結婚式」を挙げた。

第3章 弁護士という仕事

離婚問題、男女トラブル
そして少年事件――
人の心に寄り添う弁護士夫夫。

第4章　毎日の暮らしの中で

2人が生まれた大阪の町で
ケンカして、怒って泣いて笑って、
何気ない毎日が〝特別な日〟。

第5章 家族であること

親不孝と呼ばれようが、
冷ややかな目で見られようが、
僕たちにはあたたかな家族がいる。

エピローグ

カバー写真／戸田ひかる

第1章
出会い

掲示板で知り合った二人は、
わずかに見えた「未来」を信じて
ささやかにつきあい始めた。

［写真］大阪・天王寺動物園でのデート（2001年7月）

掲示板からこんにちは

僕らが出会ったのはちょうど2000年の夏も終わりの頃。京都大学農学部の大学院生だった僕は、京都大学法学部の大学院生だった吉田くんと出会った。

僕は当時、『京都大学で遊ぼう』という同じ大学内のゲイの交流を目的としたインターネットの掲示板を主催していた。そこに書き込んできたのが吉田くんだった。当時はカメラ機能付きの携帯も少なかったので、そうした掲示板には、ハンドル名と短いテキストの自己紹介が飛び交う。

「法学部の大学院生です」

「高校まで水泳部でした」

吉田くんのこの書き込みへの食いつきはすごかった。僕も含めて掲示板の古参の常連さんは色めき立った。だって「高校まで水泳部」である。そう、水泳部だ。ゲイにとって水泳ほど、エロさとカッコ良さを兼ね備えたジャンルはない。

どんな水泳部イケメンがやってくるのだろうか。本来であれば、掲示板での書き込みを通じた交流が続いて、それじゃあみんなでオフ会でもしましょうかとなるのだが、僕はさっそく個別にメールをした。「よかったら一度、二人で会いませんか」と。

下心いっぱいだった。

だって水泳部である。

そして二人で待ち合わせをしたのは、京大の時計台の裏側の購買部の入り口あたり。正直、頭の中では仮面ライダーヒーローのようなスレンダーな長身足長男子が登場すると期待していた。だって「高校まで水泳部」だから。

ところが現れたのは、かわいいのである。かわいいのだけど、あどけないイモコロリ。それが吉田くんだった。

※イモコロリ=ちょっとイモっぽい（田舎くさい）の意

高校どこ？　テンノージ。

「高校まで水泳部」という鳴り物入りで掲示板に登場した吉田くんが思いのほかイモコロリだったことには、そんなにショックを受けなかった。僕は見た目より雰囲気で人を好きになる。

初めて会ったときの吉田くんは、どちらかというと服装などにはこだわりなく、とりあえず手頃な値段の手頃な服を買いましたという雰囲気だった。

二人で学食に行ってお茶でもしようとなって、僕らは京都大学のシンボルである時計台から少し歩き、東大路通りを渡ってカフェテリア形式の学食に行くことにした。

東大路通りを渡る信号の手前の坂道で、僕は「高校はどこなん？」と聞いた。

京都大学の学生は何かと出身高校にこだわる。聞きたがりだ。東京の大学と違って、京都や大阪や兵庫や奈良といった近畿を中心に学生が集まっているからか、高校を聞けば、育ってきた環境や家庭のイメージがなんとなくわかるという思いがあるのかもしれない。

「テンノージ」

吉田くんはぶっきらぼうに答えた。このとき、吉田くんは本当にぶっきらぼうだったと僕は思うのだが、彼はその後一貫してぶっきらぼうだったことを否定している。とはいえ、いくらぶっきらぼうに言われても僕は大騒ぎではしゃいだ。だって同じ高校なのだ。共通点がある！

「僕も天王寺高校！　えーっっ、じゃぁ一つ学年下やんなぁ。よっちゃんとか、オカべとか僕、友だちやねんで……」と高校の水泳部の1年後輩の知り合いの名前をまくしたてた。

そのときピーンとくるものがあった。
あぁこの子なら、ずっと一緒にいられるかもしれない。
将来を一緒に過ごせるかもしれないと。

未来が見えた気がした

「自分はどうやら男にしか興味がない」という自覚は、小学生2年生くらいには持っていたと思う。しかし、そのことを受け入れるのには本当に時間がかかった。自分は病気ではないかとか、自分は「欠陥商品」なんだろうかとか、男の人にときめいたり、性的にソワソワすることをマイナスにばかり考えていた。

自分はゲイだと受け入れることができたのは、大学生になり一人暮らしをして、ゲイの友達ができて、性的な体験をしてからだった。それでもそのときは、自分はゲイだと受け入れることはできたけれど、「自分は社会の真ん中を歩けない人間だ」という暗い未来を受け入れるような気持ちでもあった。

大学生のうちは学生同士のゲイの友達もいっぱいいる。『京都大学で遊ぼう』なんて掲示板をインターネットでつくってオフ会でもすれば、20人から30人くらいの人が集まる。でも、卒業して就職すればみんなバラバラになってしまう。

社会人になれば学生のように気軽に集まれないし、何せ社会人には社会の枠組みというのがある。「なんで結婚しないの?」「彼女はいないの?」「女の子のいるお店に飲みに行こうよ」「合コンに誘おうか」というような、ゲイである自分にとっては苦しくなるような異性愛強制文化に曝される不安があった。

そんなとき、将来を共有できて一緒に時間を過ごせるようなゲイの恋人がいたらどれだけいいだろうと思うこともあった。


しかし、である。学生とかまだ若いうちは、パッと見た目でその場でときめいて、何度かデートして、場合によってはセックスして、それを「シアワセ」と思えるかもしれないけど、長いつきあいになるんだったら、見た目やセックス以外の「シアワセ」で関係を長続きさせなければならない。

育ってきた環境も違えば仕事も違う人と、ゲイということしか共通項がない関係で、ずっと「シアワセ」な関係を築くことができるだろうか。「短期的なセックスフレンドはできても、長期的に一緒に生きる人なんて、数少ないゲイの人の中に見つけられるわけない」という気持ちをずっとぼんやり持っていた。

だから、人生を共に生きる人との出会いについては漠然としたあきらめがあった。

ところが、ここに現れた「高校まで水泳部」だった男の子は、ゲイということ以外にも、同じ大学だという共通点もあり、さらには高校まで同じだという接点もあった。大阪府立天王寺高校。当時の大阪府の公立高校は学区制だったので、同じ高校だということは、同じ学区内の中学校出身ということになり、同じ学区内であれば町の雰囲気も、食べてきた給食も、中学校や小学校で行った遠足の場所も同じようなもの。だから、なんとなく「わかりあえる」のだ。

僕が「同じ高校なの！」とはしゃいだのは、この目の前に現れた男の子との間に、少なからず未来が見えたからでもあった。

ミナミの事情

僕が大阪に家があるのにわざわざ京都で一人暮らしをした理由。それはゲイだったからだ。父親も母親も、大阪を出てわざわざ京都で一人暮らしをすることを「ぜいたくだ」と言った。僕も大学1年生と2年生の間は大阪から通ったし、通うのに何の不自由もなかった。

しかし、一人暮らしをしたかった。一人の場所がどうしても欲しかった。

当時は、家族に自分がゲイだと言っていないだけでなく、僕自身も自分がゲイなのか、確信とか確証を持てなかった。性に対するこのモヤモヤとした感覚は何なのか。一人暮らしをして、自由になる場所と時間ができれば、親の目を気にせずに人と知り合い、人と出会い、自分のことがわかる気がした。

甘え症で世間知らずの僕は、自分でアルバイトなどをして働いて一人で暮らすというイメージはなかった。親や誰かが援助してくれるという漠然とした期待を持っていた。しかし、父親はそんなお金を用意できないと言った。僕は祖父に援助を求め、祖父から仕送りをもらって京都での一人暮らしを始めた。

京都で一人暮らしを始めて、僕は当時普及し始めたインターネットを家のパソコンにつないだ。ドキドキした。親がいたら何をするにも背中越しに見られているような気がしたものだが、もう自由だ。何をしてもいい。

大学3年生、僕は20歳になっていたが、女性とも男性とも交際したことがなく、性的な経験もまったくなかった。でも、十代の頃から夢に出てくる性的なイメージはいつも男の人が相手だった。

世間では「男の子は女の子が好き」だと決まっているように言われる。中学校でも、高校でも、大学になっても、同級生や先輩や後輩の男の人に抱くドキドキする気持ちは何なのか。「友情の延長だ」と自分で言い聞かせるが、特別な感情なのは確かだ。親もとにいるときは自分が抱く男の人への気持ちが何なのか、その真相を確認することができなかった。

母親は言った。
「あなたの欠点は、男の友人をつくらないこと。女の子とばかり友人関係をつくるのは欠点。男の親友をつくる努力をしなさい」
その言葉を平気で言ってのける母親や家族は、自分を知りたい僕にとっては大きなプレッシャーだった。母親は当然、僕が男の人に特別な気持ちを抱いて悩んでいることを思いもつかないから、「この子は男の子なのに」と感じてついつい言ったのだろう。

そんな自分の内面から湧き上がる欲求と、親という存在に代表される世間の当たり前というプレッシャー。せっかく大学生になって自由を手に入れたはずなのにという焦り――そういう心の中で重たく抱え込んだものは、京都で一人暮らしをして、パソコンをインターネットにつなげば、なんとかなるのではないかと思った。

で、実際どうなったかというと、なんとかなった。

僕は、インターネットを通じて、同世代の大学生のゲイの人と初めて出会い、性的体験をして、そして、「あぁ、自分はゲイなんだ」とようやく自分のことを知ることができた。

ホッとした。

「自分はゲイだ」と理解できたことで、小さい頃からずっと抱えていた、自分の中の得体の知れない思いを昇華させることができた。

ヨシダの事情

吉田くんと僕は、同じ高校出身だということからわかるように、実際に育ってきた地域も近い。お互いの実家は自転車で30分くらいの距離で、お互いにそれぞれの実家の周りの土地勘もある。

僕が京都大学農学部に入学したのは1995年、阪神大震災の年。吉田くんはその翌年に京都大学法学部に入学した。同じ高校というと、勉強の程度も同じようにイメージされるかもしれないが、実は全然違う。

京都大学は理系学部の定員が多いので、理系学部は文系学部より入学しやすいと当時はよく言われていた。とくに農学部は、強豪と呼ばれる私立の有名進学校からの志望者が少ないから、大阪、京都、滋賀、奈良、兵庫あるいは愛知の公立高校からの学生も多かった。一方、法学部は私立の強豪から、司法試験を目指す人や官僚を目指す人が多く受験する。大阪の公立高校から現役で合格するのは難しい。要するに、大阪府立天王寺高校から京都大学法学部に現役で入学した吉田くんは、同じ高校といっても僕に比べてずいぶんデキが違ったのだ。

僕と吉田くんの出身の大阪府立天王寺高校では、高校内部での特別な模擬試験が開催される。公立の伝統ある進学校の独特のこだわりだ。その学校内の模擬試験は、高校生では解けないような難しい数学の問題も出題されるのだが、吉田くんだけほとんど正解で、一人だけ偏差値が１００を超えたというような逸話もある。そんな吉田くんだから、京都大学の法学部に現役で入るのも当たり前だったのかもしれない。

ところが、吉田くんには学業に専念したり、学生らしく遊びまくったりすることもできない事情があった。

家がとても貧乏だったのだ。

吉田くんは中学1年生のときにお母さんが亡くなった。そのときもう会社を定年退職していた吉田くんのお父さんは、吉田くんと吉田くんのお兄さんという二人の子供を抱えて、それでもなんとか暮らさねばならなかった。

しかし、家は恒常的にお金がない状態で、お父さんも体が衰え、サラ金で生活費を借りたり、親戚に頭を下げてお金を借りたり、前の結婚で残してきた自分の子供、つまり吉田くんの異母兄にまで借金をしたりした。

吉田くんも、大学に入ると同時に奨学金を申し込んでいたが、それは全部、家族の生活費にまわっていた。今でも我が家には、お父さんが当時、吉田くんに書き残した「奨学金に手をつけてごめん。近々、親戚からお金を借りられると思う」という手紙が残っている。吉田くんは、京都で一人暮らしをする余裕などとてもなかった。吉田くんは家庭教師のアルバイトなどをして、あとは大学の授業、そして家事という生活だった。

それに比べて僕の大学生活は、遊びと遊びと遊びと、華やいでいた。お金には困らなかったし、海水浴、ドライブ旅行、海外での一人旅、スキー……絵に描いたような遊んでいる大学生の生活だった。

ふたりが出会う前、僕と吉田くんは正反対の生活をしていた。

つきあう意味がわからない⁉

最初に会ったときから、吉田くんはどこか物寂しげで、繊細で、何よりも京大生にありがちな「俺は京大生だぜ」というプライドが全然感じられない、素朴でほんとうにかわいらしいポツネンとした男の子だった。その素朴さに僕は、彼に会うなり「ええ人に違いない」と思った。

僕は吉田くんのことを「きっと運命の人だ」と思った。

となると、すぐに「つきあいましょう！」となりそうなものだが、実はそうはならなかった。僕は当時、「つきあうってなに？」「つきあうことの意味がわからない？」というようなことを思っていた。かなり真剣にそう思っていた。「恋人ができた」とか「つきあっている」と言っているゲイの友人にも、「ステディなセックスパートナーと、つきあっている恋人との違いはなに？」とケチをつけて絡むほどだった。

当時の僕は、ゲイの人と知り合う目的は「友だちとして親しくなれるか」「楽しいセックスができるか」というどちらかだった。もちろん、そうやってたくさん出会っていく中で、好きだなという恋心を抱くこともあった。その人のことを想うと眠れないとか、理由をつけて会いたくなるとか、セックスだけじゃ足りないような気持ちになるとか、そういうことはあった。

「つきあうってなに？」と本当に考えていた。

僕にとって「つきあう」というのは男女の交際のイメージしかなかった。大学生で「つきあった」男女は、学食で一緒にご飯を食べて、どちらかの下宿でほぼ同棲状態になって、まわりの友人たちから「二人はカップル」として扱われる。それが「つきあう」ことであり、「つきあう」ことは社会的な意味をもっていた。「つきあう」ことの向こう側には、家族に紹介するとか、いつか結婚するとか、そういうイメージがあった。

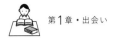

となると、ゲイの僕が男同士でつきあうなんて意味ないじゃないか。

当時の僕の率直な気持ちだった。恋心を抱いて、お互い同じような気持ちになって両思いになっても、その続きがないじゃないかと思った。「つきあった」「恋人同士だね」と確認し合っても、周囲に「恋人同士です」と言えるわけでもなく、ましてや家族に紹介できるわけでもない。結婚もない。

外を歩くときでも手をつなぐどころか、むしろ「ゲイだとバレないように」「男の友だち同士みたいな雰囲気で」と意識して歩くのだったら、それってなんだろうと。

家の中だけで恋人同士になるのだろうか。そう思うと僕は吉田くんに対して「運命の人！」と思っても、すぐに「つきあって」とか「恋人同士になろう」とは言えなかった。好きだという気持ちをずっとずっと大切に持っておく方が、形として「つきあう」よりも、ずっと意味も価値もあるように思っていた。

だから僕と吉田くんは、出会って数カ月の間は「お互いに好きだと思っているのは雰囲気で理解しているのだけど、しょっちゅう会ってご飯を食べたり遊んだりするだけのゲイの友だち」という関係だった。

そんなある日、吉田くんに言われた。そう、たしか僕が東京の青山まで岸谷香さんのコンサートを見に行った帰り道。京都駅から下宿まで、かなり長い距離だったけど歩こうと思って、歩きながら大阪の吉田くんに電話した。

「○○君に告白されてつきあおうって言われた」と吉田くんは言った。○○君というのは、僕と吉田くんの共通のゲイの友達の一人だった。

僕はそのとき、吉田くんのことがとても好きだったのに「えーっ！　いいやん。つきあったらいいやん」と言った。

僕の頭の中には「つきあう」という選択肢がなかったから、吉田くんが「つきあう」形を求めているのであれば、「つきあってくれ」と言う人とつきあった方がきっといいと思ったからだ。

「僕は、吉田くんが世界のどこかで元気で生きていたらそれだけで満足だから」などとも言ったように思う。

本当にバカだった。

そのとき、吉田くんは僕に「そんな人とつきあうんじゃなくて僕とつきあおう」と言ってもらいたかったということだった。そりゃそうだろう。

しかし、僕がそう言ってしまったために、吉田くんはその人としばらく「つきあう」ことになった。吉田くんはその人と両想いではなかったからすぐに別れることになったのだが。

そして僕も考え方が変わった。

好きな人ができても「つきあう」意味なんてないとか、ゲイであることを隠して男同士で「つきあう」なんてヘンだとか、それを無理に決めるのがヘンと思った。

吉田くんが別の人とつきあった翌日から、僕はとてもイライラするようになった。大学で用事をしていても、ちょっとしたミスにイラッとなって、ボールペンを折り曲げてしまったり、道路の空き缶を思いっきり蹴飛ばしてみたり、「なんでこんなにイライラするのだろう！」と思った。

そして気づいた。

そうか、僕は吉田くんと「つきあいたかった」のだと。「つきあう」って、単に大好きで一緒にいたくて「お互いを大事にして人生を共有しようね」と確認することなのだ。二人の間で、恋人になることを確認することも十分意味があることだと気づいた。

そしてほどなく僕と吉田くんは、晴れて「つきあう」ことになった。

大阪道頓堀にある「くいだおれビル」の前にて（2001 年 7 月）

吉田くん、母に会う！

吉田くんと僕の母の初めての出会いは、2001年2月。大学院の卒業と就職を前に、僕が京都の一人暮らしの部屋から大阪に引越した日だった。

母と兄が2人で暮らしている賃貸マンションに、僕も含めて3人で暮らすのはあまりに手狭だった。僕は、母と兄のすぐ近くで一人で暮らすことになった。引越しの日、引越しのトラックより先に、僕と吉田くんは大阪に帰ってきてしまい、荷物も届かない部屋で二人でいるのは寒いので、僕は吉田くんと母の家に行った。母も兄も帰るのは遅いと聞いていたので、引越しのトラックが来るまでちょっとくつろぐつもりが、引越しのトラックがなかなか来なくて、結局、母と兄が先に帰ってきた。

僕は吉田くんとつきあい始めるより前に、母と兄には自分が同性愛者、ゲイだと言っていた。しかし、そのことで母と兄とはギクシャクしていたので、あえて僕も吉田くんという恋人ができたということは言っていなかった。

しかし、母も兄も、家に来て一緒に引越し作業をしている吉田くんが、僕の恋人だとすぐにわかったようだった。

母と兄は、びっくりするくらいの緊張感を醸し出してきた。ピーンと張り詰めた空気と緊張感。母は「晩御飯のお鍋を一緒に食べて帰る？」と言ったが、当然、そんな雰囲気でもなく、吉田くんは「引越しが終わったら帰ります」と言って、兄もことごとく無言。その後、引越しのトラックが来て黙々と作業をしたのだが、二人で暗い気持ちで荷ほどきをした。

「こんにちは」とすぐに仲良くなる、と期待した浅はかな僕は恥ずかしかった。そして吉田くんにもこんな気まずいことになって申し訳ないと思った。

京都から大阪に僕が帰ってきてから、吉田くんは、僕の部屋に頻繁に出入りしていた。母もそれはわかっていただろう。

しかし、母と吉田くんが積極的に関わる機会はなかった。僕は、次に対面したときに気まずくなるのはもう嫌だったので、とにかく吉田くんの話を母にした。

吉田くんがお祖母さんの介護を一生懸命していること、高校も大学もとても優秀な成績だということ、料理が上手だということ、実は吉田くんのお兄さんと僕の兄が高校で同じクラスだったということ……とにかく、母には、僕と吉田くんがとても仲の良い二人だと知ってもらいたかった。決して僕らは不幸でもなければ、恥ずかしい存在でもないとわかってもらいたかった。


そうやって吉田くんと母の心の距離は、僕を介して少しずつ縮まっていったように思う。それは不思議な関係で、僕と母の会話に吉田くんはとても大事な存在として登場し、僕と吉田くんの会話にも母はとても親しみやすい存在として登場した。

三人で一緒にご飯を食べるとかはなかったが、なんとなく母と僕と吉田くんの三人が、少しずつ仲良くなっていっているように感じていた。

お弁当がつないだ心

そこに転機が訪れた。

京都から大阪に帰ってきて会社勤めをしていた僕は、会社を1年で辞めて、吉田くんと二人で司法試験の勉強を始めることになった。

僕は、昼間に法律事務所の事務員をしながら、夜は吉田くんと司法試験予備校に通った。そんな生活が2年経った頃、ロースクール（法科大学院）の制度が始まった。僕と吉田くんは、家から歩いて行ける大阪市立大学のロースクールに通うことになった。

大学院だから授業は朝から夕方まで。仕事も辞めるからお金はなくなる。僕は母に、お弁当を作ってほしいとお願いした。母は、僕が死んだ父親と同じ弁護士の道を目指すことをとても喜んでいたので、お弁当を作ることを快諾してくれた。

僕は母に、吉田くんと2年間、一緒にロースクールに通うので吉田くんの分のお弁当も作ってほしいと言った。母は、吉田くんにはもう両親がいないこと、吉田くんが祖母の介護をしていること、何よりも経済的に苦しいことをよく知っていた。

母はなんのためらいもなく快諾してくれた。

そこから2年間のロースクール生活、僕と吉田くんのお昼ご飯はずっと母が作ってくれたお弁当だった。母の作るお弁当は、茶色が多い〝ドドメ色〟で決して華やかなお弁当ではなかった。だけど母は、僕の好きなメニューだけでなく、吉田くんの好きなメニューも工夫して作ってくれた。

あの緊張の引越しの日から、これといった接点はなかった。だけど、母は僕からずっと話を聞いていただけで、吉田くんのことを僕の大切な人として受け入れてくれていた。その後も、吉田くんと母がしょっちゅう顔を合わすということはなかったけれど、吉田くんも母のことを親しく感じてくれるようになり、母も吉田くんのことを大事に思ってくれるようになった。

時間が解決してくれた

話の順番が前後してしまうけれど、父が亡くなったのは僕が大学4年生のときだった。当然、僕が弁護士になったことも知らないし、同性愛者であることも知らずにこの世を去った。

僕が母に同性愛者であることをカミングアウトしたのは、父が亡くなった年の夏のことだった。父の実家に母と兄と行った帰りの電車の中で、僕は二人に「僕は同性愛者なんだ」と告げた。それを聞いた母は泣き崩れ、兄は僕に怒鳴った。

「やめろ！　そんな話なんでするんや！　お母さんがかわいそうやろ」

吉田くんとつきあい始めた頃も、母がこう言っていたのを思い出す。

「私の育て方が悪かったからあなたは同性愛者になってしまったのね」

「女の子とつきあえばそのうち同性愛なんて忘れるわ」

あの頃の母の言葉は、僕自身を否定する言葉であり、投げかけられるたびに僕は深く傷ついた。

ちょっとした知り合いならば、傷つけられても距離を置くことができる。しかし、身近な人の言葉に傷ついてしまったら、その人のことを嫌いになることも距離を置くこともできない。ならば、カミングアウトなどせずに、隠しておいたほうがいいと思う同性愛者も少なくない。隠すのもつらいけれど、隠していれば大きく傷つくことはないからだ。

自分が言わなければ誰も気づかない。自分で言わない限りは異性愛者になりすますことができる。あとは世の中の前提や常識に乗っかればいい。ただ、そうすることは自分自身を否定することだ。「同性愛者である」と確信していればいるほど、それは強い自分自身への否定となる。そして、じわじわと自分の心を傷つけていく。

だから、ずっと家族にだけは言えないと思っていた。しかし父が亡くなり、改めて家族というものを考えたときに、このまま言わなければ母や兄と疎遠になり、自分の戻るべき家族という場所が完全になくなってしまうのではないかと思った。

電車の中で告白し、吉田くんを紹介し、ロースクールに通う二人のお弁当を作ってもらい……そうして少しずつ時間を重ねていくことで、僕と母の緊張関係は本当に少しずつ氷解していった。もし、あのときカミングアウトしなければ、僕と吉田くんの今はなかったかもしれない。

それにしても、驚いたことがある。僕が弁護士になって吉田くんと母と3人で食事をしているとき、母が「同性愛と性同一性障害は別だったのね。私は、いつかあなたたちのうちどちらかが女性になる手術をすると思ってたわ」と言ったのだ。

母は同性愛者とトランスジェンダーの違いもわからず、僕か吉田くんがいずれは女性になるものだと思っていたのだ。これが世の中の一般的な理解なのかもしれない。

僕が同性愛者だとカミングアウトする前に、母が同性愛者とは何か、トランスジェンダーとは何かがわかるように、もっとお互いが話をしていれば、親子の感情的なぶつかりあいはもう少し穏やかなものになっていたのかなとも思う。

そしてそれは、僕ら同性愛者たちと社会との関係にも言えるような気がする。

初めての誕生日のディナー

吉田くんは食べることが好きで料理がとても上手だ。

ずっと家族の食事を作ってきたせいかもしれないが、とにかく料理が上手で早い。

しかもおいしい。

僕は、一見すると料理でもしそうな、マイホームハズバンドな雰囲気だと思われがちだ。ところが、まったくできない。しろと言われたらラーメンくらいは作れるかもしれないが、まぁできない部類だ。

僕らが二人で暮らすようになってから、吉田くんの料理の腕前はめきめき上がった。家には鍋の種類も増えて、キッチン家電も増えて、最近はヌードルメーカーでパスタまで自作するようになった。吉田くんのブログは、『まんぷくブログ』というタイトルなのだが、たしかに読んでいると満腹になるブログだ。

吉田くんは毎日の家庭料理のほかにも、誕生日にはパーティー料理、クリスマスにはクリスマスディナー、お正月にはおせち料理、と手の込んだ料理を作ってくれる。吉田くんとつきあい始めたのは２０００年12月なので、初めての僕の誕生日は、その翌年の10月だった。二人で過ごす僕の初めての誕生日、２００１年10月の誕生日、僕の部屋で二人で過ごしたときの写真は今も残っている。

その日のことはよく覚えている。

吉田くんは、昼から「料理を仕込む」と言っていた。僕は自分が料理をしないので「ふーん」という感じで、「料理を仕込む」ということの意味がよくわかっていなかった。夕方になって、吉田くんが僕の部屋に来て、小さなキッチンで最後の仕上げをしてできた料理、それは手づくりの、ささやかだが豪華なディナーだった。豆腐のサラダ、カボチャのポタージュ、具だくさんのパスタ、チキンのトマト煮込み、吉田くんが手間暇かけてくれた料理は一つひとつ本当においしかった。

二人でどこかに出かけて「おいしいね」ということはよくある。味がいい、食材が高級、いろいろあるけれど、それとは違う特別な「おいしい」だった。
吉田くんが家で焼いたケーキまであって、本当に幸せな誕生日のディナーだった。
その日の写真を見ると、狭い和室に、小さな折りたたみ型の座卓を出して、ドーナツ屋さんの景品でもらったお皿に盛られたパスタにチキンのトマト煮込み、それにカボチャのポタージュ。

幸せがつまっていた。

吉田くんがその日、買ってきてくれた花は、花瓶もないからペットボトルに飾っていて、その写真を見ると、二人の〝ささやか〟具合に涙が出てしまいそうだ。

僕の母は料理屋の娘で、僕は子供のころから家庭の味に不自由はなかった。当たり前のように母が作ってくれる料理を食べていた。母の手料理がとてもありがたいことだったと、吉田くんに出会って気づいた。
吉田くんがこの日の誕生日ディナーを作ってくれたおかげで、誰かが自分のために手間暇かけて料理を作ってくれることは、こんなにありがたくて、そして幸せで嬉しいことだと気づいた。

今でも、吉田くんは毎日のように、おいしい料理をいっぱい食べさせてくれる。吉田くんは「自分がご飯を食べるのが好きだから作っているだけ」と言うけど、「僕が好きだからこういうふうに作ってくれた」と感じることがいっぱいある。

2001年の誕生日。人と一緒に暮らして、人にご飯を作ってもらうことが、こんなに幸せなことなのだと気づいた日だった。

2人で迎えた初めての南の誕生日（2001年10月）

吉田の回想①

南くんと初めて会った頃

僕のこと好きじゃないんだと思った。

京大の時計台の下で南くんと初めて会って1週間後くらいに、南くんから湯豆腐パーティに誘われた。南くんの下宿でゲイの友だちが5人ぐらい集まった。そこには他の大学のゲイの子で、バスケットボールをしてたイケメンの子がいた。南くんはその子にばかりアプローチしていて、僕は「どーせ」みたいな気持ちでプッとなった。

その湯豆腐パーティーのとき、南くんは手書きの絵地図をファックスで送ってくれた。僕はそういう器用なことができないので、少し惹かれた。湯豆腐のときも、料理の手際はそりゃものすごく悪かったけど――湯豆腐と付け合わせのなすの煮浸しを作るのに二時間もかかった――なにかと人に気遣いをする南くんをいいなぁって思った。そのとき好きになったのかな。

その頃僕は法学部の大学院の1年生やったけど、ゲイの友だちもほとんどいなくて、南くんが管理人をしていた掲示板も見ているだけ。「あぁ、みんなでいろいろ遊んでいて楽しそうやな」とちょっとうらやましい気持ちもあるのに、なかなか自分で書き込んでオフ会に参加してというところまでできなくて。

僕の、掲示板を〝見ているだけ〟の期間は3カ月以上あって、その間、みんなで夏にプールに行ったとかいう書き込みをみると、「楽しそうだな」とうらやましい気持ちになって、ようやく書き込みできた。南くんがいろいろ言う僕の第一印象、ぶっきらぼうだったとか、あんまり覚えてないなぁ。南くんは、今でもネタみたいに、「水泳部出身と聞いていたのに……」って言う。単純に自己紹介しただけやのに。

僕は南くんと初めて会う前から南くんことは知っていた。初めて会う少し前に、大阪のクラブで『学生ゲイナイト』があって、南くんはそのイベントで「京都大学でインターネット掲示板やってます」と自己紹介していた。僕も一人でそのイベントに参加していた。南くんは、金髪で顔はカッコよかったのやけど背が低くて……「思いのほかちっちゃい……」というのが第一印象やったかな。掲示板では、けっこう中心的な存在だったから、勝手にそれなりに大きい人というイメージを持ってしまってたのかな。

南くんは、僕が同じ大阪府立天王寺高校出身やと言うと、「あの子知ってる?」とか「あの先生がさぁ」と、ほんまにそれが盛り上がるツボやったみたい。あと、僕が法学部の大学院生やったから、「死んだ父親が弁護士で」「後輩が司法試験を受験しているのを応援している」とかも言ってて、そのときは「テンション高いようしゃべる人や」と思っただけだったけど、今思うと、家族のことや地元のことは、南くんにとって何かと心の土台になっていることなんやなとわかる。

吉田の回想②

南くんとつきあうことになるまで

ゲイの友だちとして南くんに会って好きな気持ちになれたのは本当に良かった。それまでは、ノンケの友だちばっかり好きになって、ノンケっていうのはゲイじゃない人のことなんだけど、それは当たり前ながら片思いでロクなことはなかった。だから普通に「好き」と言える相手を好きになれて、つきあえて良かった。

湯豆腐パーティーのとき、みんな南くんの下宿で雑魚寝みたいになって、遅くまでわいわいしていたから、次の朝はみんななかなか起きなくて。僕はみんなが寝てる間に起きて大学に行ったのだけど、そのとき「愛すべき南くんへ」と書いた置き手紙をしたなぁ。もう好きになっていたけど、「大好きな南くんへ」とはよう書けなくて、「愛すべき南くんへ」だった。

そんなふうに南くんのこと好きになったのに、僕も自分から「つきあおう」とは言えなくて。だから別の人から「つきあって」と言われたときは、それを南くんに言ったら「やめとき。僕とつきあおう」と言って止めてくれると期待していたのに、まさか「ええやん。つきあったら」と言われたときの衝撃。「大好きな吉田くんが、世界のどこかで生きていたらそれで幸せ」とかほんまわけわからんこと言う人やと。僕のこと好きじゃないんかなとか、ほんまに。

で、僕はその別の人とつきあうことになるんやけど、南くんのことが好きやからその人と一緒にいてても「自分はなにしてるんやろ」って楽しめなくて。そんな中で南くんと二人で12月の清水寺のライトアップに行って。清水寺の参詣道ではない裏の坂道を下りて、祇園でバイトして京都通ぶっていた南くんおすすめの『おかる』のカレーうどんを食べたあと、「やっぱり一緒にいたいよね」という話をしてバイバイして。

僕から「やっぱり南くんとつきあいたい」というメールを送ったら、南くんからも「メイル読みました。僕もそう思いました」みたいな返事がきて、お互いなぜか号泣しながら電話して。ほどなく僕と南くんはつきあうことになった。

南くんは当時、「メール」を絶対に「メイル」としか書かなくて、なんかそういう変なこだわりというか、こだわりじゃないな、それがカッコいいと思っているようなところがあって。そういうトンチンカンなところは、今ではアホちゃうかと思いつつ、かわいいなと思うときもある。でも、つきあい出した頃は、それを「カッコいいな」と思ってしまっていた僕がいたわけで、振り返ると恥ずかしい。

吉田の回想③

南くんの家族のこと

南くんが京都の下宿から大阪に引越すときのこと。南くんは引越しの前日に、あろうことか下宿で鍋パーティーをして。荷造りもせなあかんのに、食器広げてパーティー。今から思うというか、今でも変わらないというか、自分勝手で、当時も。僕は昼間に荷造りの手伝いに来て、鍋パーティーするからと一回大阪に帰らされて、夜にまた荷造りの仕上げのために呼び出されて。

布団も全部なにもかも荷造りしたから、近所のラブホテルにいやらしい意味ではなく二人で泊まるしかなかったのだけど、南くんは自分の都合でラブホテルに泊まることになったのに、ホテル代金を割り勘と言ってきて、ほんまにこのあたりは南くんの行動はいちいちショックっていうか、衝撃やった。「こんな人おるんや」って。

そして次の日の引越しの夕方。南くんが大阪でその日から一人で暮らすマンションに、引越しのトラックよりも先に着いてしまう。がらんとしたマンションは寒すぎたから「実家で時間つぶそう」と言う南くんに、何回も「お母さんほんまに帰ってこない?」「会うことはない?」と聞いたのに、やっぱりお母さんは帰ってきて。

お母さんは、普通やったら自分の子どもの引越しを手伝いに来ている人なんだから、もっと「ありがとう」とかあると思うのだけど、お母さんも僕が南くんとつきあっているゲイの恋人だとすぐにわかったからだと思う。本当に冷たい雰囲気で、すごい拒絶されている感じやった。僕も愛想がいいわけじゃないし。取って付けたように夕食のお鍋に誘われたけど、食べれるはずがない。

そのあと、引越し屋のトラックが来て、南くんの一人暮らしのマンションの荷ほどきをしながら、「もう二度とお母さんらと会わない!」って暴れたと思う。まさかそのあと、お弁当を作ってもらったり、一緒に仕事をする関係になるとかは全然思いもしなかった。

ロースクールに通うときにお母さんがお弁当を作ってくれることになったのは本当に嬉しかった。「作ってくれるんや」と思って。僕は、もう両親いなくて、僕自身が一緒に暮らしている兄の分も家事していたし、お祖母さんの介護もあったから、お母さんのお弁当は助かったし嬉しかった。

南くんはお母さんのお弁当を、〝ドドメ色〟とか言うけど、そんなことなくて野菜もたくさんバランスもよくておいしかった。けど、面白かったというかカルチャーショックだったのは、お弁当の中の揚げ物の油切りに、書道の書き潰しが使われていたこと。南くんのお母さんは書道の先生をしていたから、家にお母さん自身の書道の書き潰しや、生徒さんの添削をした書き潰しがいっぱいあるらしくて、黒や朱色の墨の入った半紙で、唐揚げなんかが包まれていて。墨で字を書いたあとの半紙って、なかなか今まで家になかったから、こうやって再利用するということがすごいカルチャーショックやった。普通にご飯に墨が付かへんかなとか。

南くんとつきあって、いろいろあったカルチャーショックとか面白いことって、やっぱりそれぞれの家族の影響なんやと思った。南くんが、京都の下宿でハヤシライスを作ってくれたことがあったのだけど、ブイヨンとかじゃなくて、昆布出汁でハヤシライスを作って、マズくはなかったけど不思議な味で、今から思うとメアリ仕込みやった。

あ、メアリっていうのは、南くんのお母さんのことを僕と南くんの間で呼ぶときのニックネーム。南くんが、当時、匿名でやっていたインターネット日記でお母さんのことを「メアリ」って書いていたから、二人の間ではお母さんを「メアリ」と呼ぶ。南くんも「お母さん」って呼ぶのが照れくさいのか気恥ずかしいのか。思春期ならわかるけど……。

南くんは今もいろんなところで、二人で初めての南くんの誕生日のときの料理の写真を使う。僕はあまり覚えてないけど、パスタの盛りつけがあまりに雑で愕然としてしまう。南くんはいつも僕の料理をおいしいおいしいと言ってくれて、ブログにも写真を載せてくれるのだけど、ただの家庭料理なので恥ずかしい。

南くんの、どんなものを作っても「おいしい」と食べてくれるところは好きなところのひとつ。僕は死んだお母さんの作ってくれた料理がおいしかったことを覚えているから、人にご飯を作ってあげたいと昔からずっと思っていた。その思いはこれからも変わらない。

第 2 章
就職と結婚

社会へ船出した二人は、
多くの人々との出会いに支えられ
奇跡ともいえる「結婚式」を挙げた。

［写真］ロースクールの卒業式にて（2006 年 3 月）

居心地良く働ける会社って？

僕が吉田くんとつきあい出して恋人になったのは２０００年の12月。出会ったのが８月頃だったので、まぁ４カ月でゴールインというところか。

そのとき僕は農学部の大学院の修士２年生、吉田くんは法学部の大学院の研究者コースの修士１年生。僕は、６年間の楽しかった学生生活にピリオドを打って、就職をする会社も決まっていた。

僕は、農学部で森林科学専攻の木材工学の研究室に所属していた。修士論文のテーマは、木材そのものとは少し離れて、「住宅の外観的特徴と見た目のイメージ」というものだった。

そこで僕は、住宅メーカーや住宅建材メーカーへの就活をして、最終的に３つの会社から内定をもらった。そして、その中でいちばん小さい会社、大阪に本社と工場がある、住宅のフローリング材の品質と技術で評判の高い建材メーカーに就職した。

就職活動をしていたときにつくづく不思議だったのは、どこの会社も、特に大きな会社ほど、「働き出したらお給料はいくらか」「どこの町で働くのか」「誰と働くのか」ということがまったく不明だったことだ。

それでも面接で学生は「御社のナントカカントカなところが」「私はナントカカントカの仕事をしたいと思って」ということを話して、会社の人は「あなたの人生での挫折は？」とか「大学でいちばん学んだことは？」とかを質問してくる。

僕としては、「そんなことは置いといて、どこの町で暮らして、どんな人と一緒に働いて、そしてお給料がいくらなのか、それをまず知りたい」というのがいちばんだった。なのに、就職活動中それは不明だった。


就職活動のとき、僕はまだ吉田くんと出会っていなかった。

自分がゲイだということは大きな秘密であり、かつ重要なことだった。

ゲイであることは「人に言えない」ことで「バレたらいけない」ことだったが、それは自分自身を形づくっている中心にあることだった。

ゲイとして、ゲイの友だちをつくれる環境で働きたいと思ったし、ゲイであることで居心地の悪い環境で働くのは嫌だと思った。しかし、それを面接で言うことなんてできない。だから探るしかない。「御社の社風が……」「私が大学生活で学んだものは……」では、何もわからない。

そんな中、就職した会社はまったく違っていた。内定をもらうまでの面接や筆記試験はほかと同じだったが、内定をもらってからすぐに僕が配属される予定の部署の人に会わせてくれた。
「あなたはうちの会社に入ったら、この人の下でこういう仕事をしてもらいますよ」ということをはっきり教えてくれた。そして、「今年の新入社員の給料の実績はこうでした。たぶん、あなたが入ってもこのくらいの手取りになると思います」ということを言われた。それはとても大きな安心だった。給料はそんなに高くはなかったが、生活するには十分。内定後に会うことができた配属予定部署の上司の人たちも、安心して話せる人ばかりだった。だから僕は大学院を出たら、その会社で働くことを決めた。

とはいえ、それでも全国で誰もが知っている大きな会社の内定を断るのはちょっとためらいもあった。「今日こそ内定を断る電話をしよう」と思っても、なかなか電話ができなかった。東京に本社があって、コンピューターを駆使する仕事をして、給料も高くて、キラキラ輝くような暮らしが待っている…と思うと、大阪南部の港沿いのコンビナートで木材加工の仕事を選ぼうとする自分はとてもダサいんじゃないの…とか、心のなかでいくつもの声がした。

ところが、大きな会社の内定を断ることは、とってもアッサリしたものだった。人事部の事務の人が電話の向こうで「はいはーい」という程度で、コンサートの予約チケットのキャンセルみたいな感じだった。

あぁ、そうか。何人も採用する大きな会社は「わざわざ僕を選んで内定をくれた」のではなくて、大学の名前と筆記試験でたくさん内定を出していて、その中の一人が僕だったのかとわかった。そりゃそうだ。

そう思うと、「他の人と同じようにはなれない」と思っている僕は、大きな会社には行ってもしんどかっただろうと、内定を断って安心できた。

おまけとしては、そんな内定あれこれの後、夏休みに吉田くんと出会い、冬につきあうことになった。そのとき、大阪の会社に就職して良かったと思った。せっかく吉田くんとつきあって恋人同士になったとしても、これで「就職で東京に行っちゃう」だったら、どれだけ切なかったか。

ゲイであることを人に言えない分、余計に自分が働く場所の選択をすること、暮らす場所の選択をすることには、緊張が伴う。

ゲイであることを隠して……

大阪の住宅建材メーカーで働いていたのは実はたった1年だけである。

1年間だけで辞める新入社員は会社にとって明らかに損失だ。1カ月20万円の給料をもらっていたとして、1年間で240万円。ボーナスやら諸手当、新入社員のための研修、支給する作業服や作業靴などの備品もろもろ……たぶん会社は新入社員の僕のためにたくさんの費用を使ったのではないかと思う。

それでは僕が会社にいた1年間、会社が僕にかけてくれた費用以上に売上げに貢献できたかというと、絶対にない。たぶん、僕がいてもいなくても、その年の会社の売上げは変わらなかったと思う。では、僕が1年間何か残した成果で、その後、会社が大きな利益を上げたかというと……。

少なくとも僕が僕だけで何か技術や商品を開発したということはなかったと思う。先輩が携わっていた技術や商品の新開発の手伝いをした部分はあったかもしれないが、今の時代ならインターンシップの学生でもできる程度のことだった。僕はそんな大きな仕事もしていなかった。僕の会社員生活は「ぶら下がって他人の稼ぎでお金をもらっていた」1年だったということになる。

会社員時代の1年間はとても楽しかった思い出ばかりだ。

新入社員として、あっちこっちで先輩にかわいがられ、時には泣きそうなくらい怒鳴られることもあったけれど、勉強になることばかり。出会う人出会う人のことを好きになった。

会社の主力商品は住宅のフローリング材だ。フローリング材の表面には天然の木をわずか0・2ミリの厚さにスライスした「突き板」というのが貼ってある。これがいわゆるきれいな木目の化粧だ。工業製品だから工場のラインで一定の品質に整えるべく作っていくのだけれど、なにせ材料の木材は生き物だから、もともとはバラバラで個性があって千差万別だ。

僕らのような技術の部門が、材料や接着剤や塗料や機械の調整の決まり事をいろいろ考えて新商品を開発したり、新技術を考えたりしても、最後は生モノである木材の個性が問題になる。工場で長年働くベテラン社員さんたちの積み重ねた昔からの技術が大切になる。定年が目の前に迫っているベテランの人こそ、いろいろな知識をたくさん持っていて、僕ら若い社員が知らないことでも何でも知っていた。

外国から来た新しい木材を目の前に、若い社員が「うーん。あれぇ?」となっていても、ベテランの管理職の人がヒョヒョっと来て「あぁ、これはこうやってみたら、できるんじゃないの」と、木材のブロックの端っこを指でツルッとなでながら言う。そうすると、本当にそうだった、というような。話せばきりがないくらい「日本のものづくり」らしい現場で、本当に楽しかった。

なのに僕は1年で辞めてしまった。

なぜだろうと考えると、やはり僕がゲイだったことも理由のひとつのように思う。ゲイは仕事が長続きしないとか、そういうことではまったくなくて、「ゲイである」ということを気にせずに働くことができたら、また違ったのかもしれない。僕が自意識過剰で、「自分はゲイだゲイだ」と思い過ぎていたのかもしれないけれど。

たとえば、会社では朝礼があった。誰かが結婚すると「先週末、私、無事に結婚しまして……来週から新婚旅行で……」という報告が必ずあった。へーっとか思うが、そういうときは身の置き場がないような気持ちにもなった。社内報を読むのは大好きだったが、そこにも新婚さん紹介のページがあって「あぁ、僕はやっぱり別の世界の人間なのかな」とか思ってしまった。

職場の先輩や同期の中に、個人の私生活を詮索するような人は本当にいなかった。「彼女いるのか?」みたいなことを聞かれることもなかったし、独身の人がからかわれるような風潮もなかった。同性愛のことをネタや冗談にする人もいなかった。そういう意味でも、本当にいい会社だった。

それでも、僕が「異性愛者の男の人」であることを前提に振る舞わないといけない雰囲気だった。女性の管理職もおらず、あくまでも「異性愛者の男の人」だけが存在する前提だった。可愛がってくれる先輩、仲良くなった同期、いろいろ親しくなればなるほど、自分の本当のことを言いたくなるのに、言うことで親しい関係が壊れるんじゃないかというジレンマ。親しくなればなるほど、会社のことが好きになればなるほど、「自分はここにいる人たちと違うんじゃないか」という距離を感じてしまった。一生、この会社で骨を埋めるまで働くとしたら、僕はずっと「結婚しない異性愛者の男性」ということでやっていくことになる。

そのとき、僕に恋人がいなければそれはそれで良かったかもしれない。でも僕には吉田くんという恋人がいる。僕が会社でどんどん頑張り、会社を通じて社会とつながっていくことは、どんどん吉田くんを置いていくことになるんじゃないかと漠然と思った。

当時、吉田くんは、法学部の大学院の研究者コースの修士2年生だったが、心と体の調子を崩して休んでいた。だから昼間はずっと家にいた。僕が出かけたあとの僕の一人暮らしの部屋で、ジッと布団にうずくまってテレビを見ていることも多かった。

僕がこうして会社で「ゲイではない」フリをして生きていくということは、誰も頼る人のいない吉田くんを結局置いてけぼりにするのではないか。吉田くんは僕に置いてけぼりにされたらどうなるんだろう。

会社は本当に楽しかった。木材の不思議が少しずつわかってきた。このまま木材に没頭して、会社員の道を究めたいということも考えないわけではなかった。しかし、それでも僕は最後の最後まで「ゲイではないフリ」をしなければならず、そして吉田くんは置いてけぼりだ。

そんなとき、吉田くんが、「司法試験の勉強だったらできるかも」とボソッと言った。僕はやっぱり吉田くんと一緒に進む道を選ぼうとそのとき思った。弁護士になれば、二人で弁護士になれば、「ゲイだ」とか「恋人同士だ」とか世間に言うことはできなくても、人生を共有できる。安心して二人で社会とつながることができるんじゃないかと思った。

そして本当に僕のことを大切にしてくれていた部長さんと課長さんと係長と先輩に頭を下げて、「司法試験の勉強をしたいので会社を辞めたい」と言った。思いのほか慰留されず、すんなり辞めることができた。会社の上司も先輩も同僚も、たった1年間勤めただけの僕と今でも親しくつきあってくれている。

会社を辞めたのが2002年の3月。それから9年後、2011年4月に僕と吉田くんが結婚式を挙げた。結婚式を挙げたことを報告するハガキを、会社の上司や先輩にも送った。そうするとすぐ、会社の先輩から電話がかかってきて、「南がいたときの部署のメンバーで集まって、南のお祝い会をしよう！」と言ってくれた。本当に嬉しかった。吉田くんも一緒に行って、プレゼントももらって、当時の思い出話もあって、上司も来てくれて——。

僕は「ゲイと言えないからしんどかった」と過剰に意識しすぎたのではないかと、今になって少し反省している。時代が進んで、いろんな人の価値観が多様になり、もしかすると、僕があのまま会社にいて「実は僕、男の人が好きなんですよね」と言っても、何にも問題なかったのかも知れない。

それは本当にわからないのだけれど、僕は今でも、その会社の商品も人も大好きだ。素晴らしい1年間を過ごさせてもらったという感謝の気持ちでいっぱいだ。

変わりゆく弁護士の世界

僕は吉田くんと司法試験の勉強を始めるにあたり、自分で法律事務所の事務員の仕事を見つけてきた。

新卒で1年も働いていなかったのに「司法試験を受けるから会社を辞めたい」と言った僕に、同じ部署の部長さんが「次の稼ぎ先もわからないまま司法試験を受ける、という途方もないことを言う新入社員を辞めさせるわけにはいかない。だから次の仕事先を見つけてきて辞めなさい」「司法試験の勉強をする人は、よく法律事務所の事務員の仕事をしながら勉強すると聞くからそれを探しなさい」と言ってくれた。

僕は部長のことがとても好きだったし、部長は会社を引っ張っていってるようなカッコいい人だったので、「部長の言うとおりにした方がきっと司法試験もいつかうまくいくんじゃないか」と思い、さっそく法律事務所の仕事を探すことにした。

大阪の弁護士会には「事務職員採用希望」と書いて履歴書を送れば、事務職員採用を考える弁護士さんがそれを見て、場合によったら面接に来ませんかと電話をくれるという事務員採用システムがある。

僕の履歴書を見て、とある弁護士さんが電話をくれた。僕は履歴書の隅っこに「亡くなった父は弁護士の誰それでした」と書いたのだが、やっぱり父のことを知っている先生だった。その先生は、父のことを弁護士会の仕事で知っていた、と言ってくださった。

あとで、その弁護士さんから「南くんの面接のとき、お父さんと顔がソックリで、亡くなったお父さんのことを思ってまっすぐ見られなかった」と言われて、僕も胸がいっぱいになった。

弁護士も世襲がすごい。国会議員やお医者さんと同じように二代目、三代目。親も弁護士、子も弁護士という人が多い。そういうことが業界の中の格差をより際立たせたり、社会で弁護士を必要とする人たちとの接点をかえって失わせたりするのかもしれないと思うこともある。

しかし、僕自身が二世弁護士で、もちろん父親が死んでから弁護士の勉強を始めたのに、それでも多くの「お父さんの恩恵」がある。勉強を始めたいというときに事務員として雇ってくれる、働きながら勉強させてくれる人と出会うということもその恩恵のひとつだ。

その事務所での事務員の仕事は本当に勉強になった。事務員の仕事をしていても、法律のイロハが頭に入るわけではない。事務員の仕事と弁護士の仕事はまったく別なので、もちろん法律は自分で別に勉強しなければいけない。

弁護士さんが何をどう考えるのかとか、弁護士さんがお客さんや仕事の関係の人と、どのように接して、その人たちの抱える問題や相談にどのように関わっていくのか。また、何よりも弁護士業界というのは、弁護士同士だということだけで信頼関係をつくって仲良くなれる、とても楽しい業界だということもわかった。

弁護士が内輪で自分たちのことだけを考えて好き勝手しているということではない。僕も弁護士になって実感したが、弁護士あるいは裁判官や検察官の仕事というのは、文字通り「司法」なのだ。司法は何かというと法を司る、世の中にある「法律」を読み解いて「この問題はこういう解決が結論です」ということを探し出す作業だ。それは単に物知りだとか、勉強しているとか、話をよく聞くとかの個人的な素養を超えた、職業としての特別な役割だということだ。

２０１５年にアメリカに研修旅行で行ったときに、アメリカの弁護士さんに「私たち弁護士は、世の中の仕組みを知る仕事です」ということを言われた。僕はそのとき、「あぁ、わかるわかる」と思った。そういう共通した職業としての感覚が弁護士を集わせているのだと思う。

そして、僕が法律事務所の事務員をしていた2年間、弁護士さん同士のやりとり、弁護士さん同士の仲間としての関わり方を学んだ。

その事務所には、経営者の弁護士さん以外に勤務弁護士さんが6人くらいいた。その先生たちは僕にとってとても偉大な先輩たちで、今でも、仕事で困ったときは頼りにするし、何か面白いことがあったら真っ先に「あぁ、あの先生たちに伝えなきゃ」と思える。弁護士業界とは、弁護士が集まっていろんなことを真面目に話し合って、議論して、そしてそれぞれ自分のフィールドに持っていって、一人ひとりで社会に向けて仕事をする……それを教えてくれた先生たちだった。

事務員時代の事務所の弁護士さんたちは、僕にとってはある意味「家族」のような存在だった。ふだんはそれぞれ家を出て違うカラーの仕事をしているが、最後はとにかく「家族」だから助ける、心配する、というふうに。

今でもその先輩弁護士さんたちとは定期的に焼肉会を開催している。そこでは吉田くんは「パンダ」という愛称で呼ばれている。僕が今、吉田くんと二人で文字通りの家族経営の事務所をやっているのも、この事務員時代の先生方との出会いがあって、「正真正銘の家族経営のような事務所にしたい」と思ったからだ。

さてさて、こんなおもしろおかしい昔ながらの弁護士業界というのは実は今、どんどん廃れていっている。なぜだろうか。社会が「明るく楽しいもの」「わいわいやっているもの」に対してどんどん不寛容で冷たくなってきてるからだろうか。たしかに電車の中でも、人の「笑い声」のほうが心をイライラさせるときがある。むしろ怒鳴り声のほうが、自分も同じような意地悪な気持ちを解消できるような気持ちになるときがある。

そんな時代になったからだろうか。弁護士業界も、いつのまにか過当競争で、昔ながらに弁護士さん同士が顔を合わせたら、それでまぁ共通に理解できる問題点がすぐに見えてきて……という時代でもなく、弁護士同士が互いに腹を探り合い駆け引きをして、出し抜いて勝ち抜こうという時代になったような気がする。

その問題は僕などが言うまでもなく、多くの弁護士さんがいろんなところで社会の危機だと発信している。そのことを気に留めながら、僕と吉田くんは弁護士業界の中で、これからもとまどいながらも前に向かって進み続けていくのだ。

結婚式を挙げよう！

結婚式を挙げようというのは吉田くんの発案だった。

そもそも結婚式についてのスタンスは僕と吉田くんで違っていた。吉田くんは、人の結婚式に行くのが好きだった。幸せになれるというのである。

僕は、人の結婚式に行って、その友人の相手を見て、「あぁこの人と一緒に暮らすんだ。良かったね」と思う反面、自分はまた置いて行かれたような、友だちを一人失ったような気持ちになっていた。自分には「結婚なんてない」と思っていたからだ。

僕は結婚という「あちらの国」に行くことはできず、ずっと結婚のない「こちらの国」でワイワイと暮らしているのに、気がつくとみんな次々と「あちらの国」に行ってしまう。うらやましいというよりも、「あぁ、こうして最後まで残されちゃうのかなぁ」という気持ちになっていた。

ところが、吉田くんが「結婚式を挙げよう」と言った。

そのときはもう僕と吉田くんは二人とも司法試験に合格して弁護士になり、一緒に暮らしていた。それぞれの職場でも、同性愛者であること、パートナーはそれぞれ「吉田弁護士」「南弁護士」であることは隠していなかった。日常生活で「カミングアウトできない不便」はなかった。しかし、結婚式を挙げるというのはあまりに唐突だった。

吉田くんが結婚式を挙げようと言った理由は、僕たちの関係を知っている人と知らない人とが混在している中で、二人の関係を知らない人に、あらたまって「実は僕らは同性愛者で……」「一緒に暮らしていて……」と言うのも変だし、細かくカミングアウトすることの不便を考えたら、大きく伝える結婚式がちょうど良いではないかということだった。それは至極当然で、たしかに大々的に結婚式をすれば、「自分は同性愛者でパートナーが吉田くんという同業者の弁護士です」と一回で言うことができる。

ちょうど出会って丸十年が経つ頃だし、時期としてもちょうどいいかもしれない。ということで、吉田くんの発案に乗っかる形で、僕もおずおずと結婚式の準備に取りかかることを決めた。準備に取りかかったのではなく、あくまでも準備に取りかかることを「決めた」のだった。

結婚式の準備は、まずは日取りと場所を決めることから始まった。ホテルや専門の結婚式場というのは最初から頭にはなかった。それは「無理だ」と思っていたからだ。２０１６年の今、結婚情報雑誌が「同性ウェディング」の特集をするほどに、同性で結婚式を挙げるハードルはグンと下がった。しかし、時は２０１０年、同性カップルで結婚式を挙げるなんて、あまり考えられない状況だった。

僕らは、自分たちが「結婚しました」と披露できる機会を持ちたかっただけなので、結婚式を挙げる過程でトラブルを起こすのも嫌だった。自分たちが悲しい気持ちになるのももちろん嫌だった。

「男同士で結婚式を挙げたいのですが……」と問い合わせて、「うちはそういうのは……」ともし言われたとき、「差別だ!!!」と闘うような根性は（当時は）なかった。そもそもそういうために結婚式を計画しているわけじゃないし。

ということで、僕と吉田くんは、どこかレストランを貸し切りでするのがいいんじゃないかと話した。いわゆる２次会がよくされるようなお店で、１・５次会という形で、披露宴と式をセットにした内容で人前式にして……ぼんやりと結婚式のイメージを整えていった。

結婚式を挙げることを決めて準備に取りかかり、結婚式のイメージを整えたのは２０１０年の夏頃だった。そしてはじめの予定では２０１０年12月、クリスマス頃に結婚式を挙げれば、ちょうど雰囲気もあって良いのではないかと思っていたのだが、実際に結婚式を挙げたのは２０１１年の４月だった。

桜の花の咲く頃に

2010年の夏頃に、2010年の12月のクリスマスに結婚式を挙げようとイメージしたのに、僕らはなかなか重い腰を上げられなかった。

会場の候補としていくつかのお店を僕と吉田くんは思い浮かべていたが、果たしてそこは男同士のウェディングをやってくれるのか、そもそも予定は空いているのか。電話しようか、電話してよ、いやランチを食べに行ったついでに、いつ食べに行くの……などと言っている間に、夏が終わってしまい、9月になってあわてて電話をしても「12月はもう予約でいっぱいですね」となっていった。

いつまでに挙げなきゃいけないと決まっているわけでもないし、周りからも結婚式を期待されているわけでもないから、そういうものなのかもしれない。2010年の12月はもう無理だということになり､次の狙い目は2011年春ということになった。

春の結婚式、レストランでの結婚式ということになると、僕の中ではお目当てにし

ている会場があった。大阪の帝国ホテルの横にあるＯＡＰというビルの中にあるイタリアンレストラン。大阪でも桜の名所と言われる大川沿いの毛馬桜之宮公園に面しているお店。ビルの横を通るとき、レストランの二階にテラスやベランダがあることも知っていたので「桜の季節に結婚式をするならここでしたい！」と、いちばんに思いついた。

クリスマスの頃の結婚式だと会場の候補に挙がらなかったが、桜の季節の結婚式なら大丈夫。あそこがいい。あのＯＡＰのレストランにしようと僕が吉田くんに提案した。ちなみにそのお店は、当時、二人で暮らしていた賃貸マンションからほど近く、歩いて10分くらいだった。だから日曜日に二人でランチを食べに行って、そこでウェディングの予約をしようとなった。

ランチに行った日、お客さんはそんなに多くなく、比較的広い店内を隅から隅まで見渡しつつ「やっぱりここで結婚式を挙げよう」と僕と吉田くんは確認しあった。予想通り、レストランの2階のテラス席とベランダからは、大川沿いの桜の並木がよく見えた。

お店のホールには店長さんらしき人がいたけれど、自分たちからは声をかけにくくて。僕らは白々しく、レジの横に置いてあった『ウェディングプランの案内』のパンフレットなんかを手にとって、大げさに「へぇ」とか「ほぉ」とか言って見たりしながら、「声をかけてほしい」オーラを出しまくった。したらば、優しい店長さんが「ウェディングのご検討ですか？」と声をかけてくれた。

よかった。思いが通じた。きっとこの人なら大丈夫だ。ということで、僕らは取り急ぎ、テラスでの人前式と1・5次会パーティーとの予約をしたいということ、それは4月の上旬の土曜日、4月9日を希望することなどを伝えた。

予約表を見てくれたところ「空いています」とのことだった。大安でもなかったし、「4」「9」と縁起の悪い数字だから予約は入りづらかったのかもしれない。でも、桜が見頃なのは4月上旬だし、遠方から来てもらうのなら土曜日がいいだろう。4月の1週目は子どもの入学式の準備や引越しで忙しいという人もいるかもしれないから、第二土曜日の4月9日にしたのだ。

予約が空いている！　やった！　ここで結婚式を挙げられるかも。

でもまだ予感でしかない。というのも、まだ店長さんには「男二人の結婚式」だとは言っていなかったから。

ということで僕らは息をのんで「で、実は、男と男で結婚式を挙げるのですが、それは大丈夫ですか……?」と聞いた。

緊張の一瞬だった。店長さん、その店長さんは女性の方だったのだが、たしかに一瞬、言葉を置いた。しかし、後ろを振り返ったり、どこかで誰かに確認したりすることもなく、うなずいて「はい。大丈夫ですよ」と言ってくれた。

もうホッとした。すごく嬉しかった。

あぁ、ここで結婚式を挙げることができるんだという喜びは大きかった。

そこからランチを片付けてもらって、二人でパンフレットを見ながらお料理を考えたり、座席の配置を考えたりした。

二人で結婚式を挙げることができるということが決まっただけで、僕たちの明日は輝き始めたのだ。

手作りのウェディング

そして結婚式の準備が始まった。

僕は、人の結婚式に行くと「自分が取り残されたようで」という複雑な気持ちを抱く。でも、二次会の幹事をするのは得意だった。

もともと僕はイラストを描いたり、それをパソコンでいじって印刷物にしたりするのがけっこう得意だったので、友人の結婚式の二次会の招待状を作ったり、二人のエピソードを紹介するパンフレットを作ったりしていた。そのたびに「あぁ、自分のためにも同じようなのを作れたらさぞや楽しかろう」と思ってはいたが、それがついにできるとは。

ウェディンググッズの専門店に通い、招待状の台紙、席次表の台紙、テーブルに置く座席札の台紙、とにかく〝台紙〟が幅をきかせるウェディング業界。そしてその買ってきた台紙の大きさを測って、パソコンからレーザープリンタの手差し印刷の設定をして……だが、この楽しい印刷物製造作業に入る前に実はちょっとした難関があった。それは来てもらう友人のリストの一人ひとりに「4月9日に結婚式を挙げるのだけど、来てもらえるかな」と電話で連絡をする作業だ。

もちろん、僕と吉田くんの関係をとうの昔から知っている人には、気軽に電話して「なぁなぁ、ついに結婚するんやけど」と言えるが、自分が同性愛者であることすら伝えていない友だちに、「いや、実は結婚式が4月にあって、出席してもらいたくて」と電話するのは非常にハードルが高かった。

結婚式を挙げれば、二人の関係を人に説明する手間が省けるという考えからの結婚式だったが、結局、個別のカミングアウトがもれなく付いてくる。もちろん、結婚式に招待しない友人や知り合いには、その後の「結婚しました」ハガキでバーッと一斉にお知らせできるのだけど。

特にハードルが高かったのは、小学校や中学校の頃の友人だった。その頃の僕は、もう必死で「男の子に興味があることがバレたらどうしよう」ということに頭を使っていたので、過剰なまでに「女の子が好き」なフリをしていた。

そうなると、「そういうのは全部ウソでした」となってしまう。それって、どうなんだろう。友人関係に亀裂が入るのか。あるい「今さら信じられない」と言われるのか。

僕の中でいちばんハードルが高かったのは、タニちゃんという友人だった。

タニちゃんはしっかり者で、親思い、そして弟と妹を大切にして、大学の学費も自分のアルバイトで用意する、本当にしっかりしたちゃんとした人だった。タニちゃんは、僕にとっては、いつも尊敬しているちゃんとした友人の代表格だった。

そんなタニちゃんに「実は結婚するのだけれど、相手が男の人で……」とか言ったら、もしかすると「なんてことをするんだ！」とか言われるんじゃないかと、勝手に緊張してしまった。なにせタニちゃんはちゃんとした人だから。

だから結婚式に来てという連絡がタニちゃんにはなかなかできなかった。でも、地元の友だちグループのテーブルに、大切な友人のタニちゃんがいないのもありえない。

僕はなかなか電話できず、おそるおそるメールをした。

「4月に結婚式を挙げるのだけれど、来てくれませんか？」と。

するとタニちゃんから「いいよ」と返事が来たので、意を決して電話した。

「おめでとう」とタニちゃんは、言ってくれた。

「でさぁ。実は、僕の結婚の相手、男の人で……」と言うと、タニちゃんは、

「あははは。知ってた。知ってた。いつ言ってくれるんやと思っていたけど、たぶん、俺に言いにくいと思っているのもわかってた」と言ってくれた。

あぁ、なんや。そうか。そうだったのか。

僕にとっては、「男の人が好き」なことが当たり前で、だから必死で「女の人が好き」なフリをして、一生懸命隠そうとか誤魔化そうとかしていたのだけれど、きっと周りから見たら、やっぱりおかしかったんだよね。

そりゃそうだ。ほかの人は、別に無理をして「女の人を好き」になっているわけではないのだから。過剰に「女の人を好き」を演出しているのは、奇っ怪にしか見えなかったのだろう。なんとなく、いや、ずいぶんとホッとした。

タニちゃん……知ってたんだ。ありがとう。

知ってたと言ってくれるのは、なぜかすごく嬉しいことだった。

そんなこんなでタニちゃんにも連絡ができて、結婚式の出欠も整い、レストランの最大の収容人数の80人に来てもらうことができた。

ありきたりな結婚式とパーティーだった。パーティーでは、二人のプロフィールシートがあって、二人のヒストリービデオがあって、新郎の僕から新郎の吉田くんへのピアノの弾き語りによる歌のプレゼントがあって、母親への花束贈呈があって……それが全部できた。

パーティーに先立つ結婚式は人前式だった。人前式とはいえ、牧師の資格を持っている友だちに進行をしてもらい、聖書の中から同性の結婚でも使える言葉を選んでもらって指輪の交換もした。式の終わりはバルーンリリースと花道。絵に描いたような結婚式とパーティーで、それができることが本当に幸せだった。地元の友人、高校の同級生、大学の同級生、弁護士の友人、一緒に通ったロースクールの恩師、そしてゲイの友人たち、あとそれぞれの家族。

「結婚式って、一日中、ディズニーのアトラクションに乗っているみたいに幸せ」ということを友人から聞いていたが本当にそうだった。

結婚だけがすべてじゃないのは当たり前。結婚したから幸せだとかそういうことはまったくない。しかし、「僕ら二人の関係が祝福されることなんてない」とずっと思ってきた僕らにとっては、結婚式を挙げられたことはとても大きな幸せだった。

結婚式（2011 年 4 月）

人前式での宣誓書への署名

吉田の回想④

南くんが会社で働いていた1年間のこと

南くんとつきあい出したのが12月で、その次の4月から南くんが会社員になった。僕は実はその頃から法学部の大学院を休学していた。大学に行かないから、昼間は南くんの一人暮らしのマンションでゴロゴロするようになっていた。ただ僕も、一緒に暮らしている兄の家事もしないといけないし、お祖母さんの買い物や介護もしなきゃいけなかったから、南くんの家に泊まるのは月水金と決めていて。

泊まった日の朝は、南くんが会社に行くために家を出るのにあわせて、途中の駅まで一緒に行く。南くんの働いていた会社は、大阪の中心部ではなくて郊外だったので電車は混まなかったけれど、元気な日は会社の通勤バスの来る駅まで送ったりした。家に帰って一人で家のことするとしんどくなるから、昼休みはお弁当を食べ終わった南くんとずっと電話していた。今、思えば新入社員なのによくそんなことしてくれたなぁ。

南くんが働いていた会社が木材加工の会社で、フローリング材を作っていることも知っていたのだけど、南くんがどんなことを毎日やっているかはよくわからなかった。フローリング材の強度を調べる検査をするということで、金属の玉を決まった高さから何回もフローリング材に落として、その凹みの深さを計測しているとか聞いて「へぇ」って思って、そのイメージが、金属の玉を落としているイメージばっかりが思い浮かぶ（笑）。

会社は1年で辞めたけど、その1年の間にも、倉庫のシステムトラブルが起こったから全社員総出で夜勤で作業をしないといけないとかいって夜勤が続いたことがあって、「会社ってたいへんやなぁ」と思った。

南くんはこの会社のことがすごい好きで、会社を辞めてからも何かあるとすぐに「○○（会社名）」「○○（会社名）」って。マンションを買うときもモデルルームに行って「どこのメーカーのフローリングですか？」と聞いて、「○○（会社名）のフローリングです」

と言われたら、予算もオーバーなのに買いたそうなこだわりを見せたり。

会社を辞めてから、車でドライブして、海沿いにある会社を見に行ったことがある。「あぁ、こういうところで働いていたんだ」と思った。イメージしていたのよりずっと小さな建物で、敷地の中にプレハブの会議室があって、ここで引きこもって昼休みにずっと電話させていたんだなって。

会社を辞めてから10年以上も経つのに、結婚式を挙げたとき、当時の南くんの会社の部署の人たちがお祝いで集まってくれた。僕も呼んでもらって、なんて温かいんだろうと本当にびっくりした。そのとき南くんの上司だった人から「緻密さがないから研究に向いてなかった」と言われて、僕は大笑いした。南くんの入社式のあと天王寺のゲームセンターでプリクラを一緒に撮ったこととか、初月給でちょっと上等の豆腐料理に連れて行ってもらったこととか、南くんの会社員時代のことは、今の暮らしとまた全然違った懐かしい思い出だ。

吉田の回想⑤

南くんが法律事務所の事務員をしていたこと

南くんが、司法試験の勉強を一緒にしようと言ってきたときは「ええっ」と思った。さらに「司法試験の勉強をします」と言って会社を辞めてきたときは、まさか本当に辞めると思わなかったので、びっくりした。でも、僕も休学していてこの先に不安があったから、かえって覚悟を決めて司法試験の勉強ができると思って嬉しかったことは嬉しかった。一人じゃなかなか前に進めない僕を引っ張っていってくれるんだって。だけど南くんは、それまでまったく法律の勉強していなかったから「大丈夫なのかな」という心配も大きかった。

僕らは夜は二人で司法試験の予備校に行こうと言ってたのだけど、昼間はどうしようかという話になって、法律事務所の事務員の仕事があるかなぁと二人で弁護士会に履歴書を送った。南くんだけは着々と法律事務所の事務員の仕事を決めてきて、僕はというとまったく面接の声もかからなくて。

そうしてたら、南くんが友達から「自分が働いているウェブデザインの会社で人が足りないから」と声をかけられ、僕もＨＴＭＬを少しは使うことができるからという理由で、南くんが僕をそこでアルバイトさせることを勝手に決めた。

最初に聞いていたのは、ホームページの更新作業と補助的な仕事ということやったのに、フタを開くとウェブデザインからさせられて、そんなこと絶対ムリ。だって僕はもともと絵を描くのも全然できないし、中学の美術の成績が「２」だったから、ウェブデザインなんて本当にムリ。今から思っても、なんでこんな僕がウェブデザインなんかしていたんだろうと。行くのが嫌になって何度休んだことか。

ただ、そのウェブデザインの会社は、南くんが事務員をしていた法律事務所のすぐ近くで、お昼ご飯を一緒に食べたり、仕事のあと一緒に司法試験の予備校に行く待ち合わせがしやすかったりした。南くんが働いている法律事務所のビルの前のガードレールにもたれて南くんが出てくるのを待って、一緒に予備校まで歩く途中にあるチェーン店の丼屋さんでいちばん安い丼を二人で食べて。

南くんがこのとき働いていた法律事務所の弁護士さんたちは、今も親しくさせてもらっているけど、南くんにとってこの事務所のつながりは、弁護士になってからの弁護士業界のつながりとはまた違ってとても大切なんだなと思う。僕のことも何かと話題にしてくれてるみたいだし。南くんにとっては、自分のお父さん以外の弁護士のイメージがなくて、法律の勉強もしたことがない中で「弁護士になる」と飛び込んで、事務員をしながら出会った弁護士さんたちの姿は、目指すイメージになったんじゃないかな。

吉田の回想⑥

結婚式のこと

僕はとにかく結婚式がすごく好き。新郎新婦はじめみんなが幸せそうだから。人の結婚式でも参加していてすごく幸せになる。自分も幸せになれる。

僕らが結婚式を挙げた頃、僕も南くんも弁護士になっていて、ゲイであることを隠していることが煩わしくなってきている時期だった。この人に隠して、この人に話してというのが、「なんでなんだろう」と思うようになってきていた。なんで区別をするのか。人によって信用している、していない、みたいな感じにも思えて。

その頃は、同性カップルで結婚式を挙げるというのは僕自身はまだあんまり聞いたことはなくて、自分も結婚式をしようとは全然思ってなかった。今考えても、なんで結婚式を挙げようと思ったのだろうなぁ。当時、一時期不安定だった仕事が安定したから前向きな気持ちになったのかな。

結婚式を挙げると決めた後も、やると言いながら心理的なハードルは高かった。カミングアウトしてない友だちに「結婚式に来て」と電話をかけるのはほんまに緊張した。だらか僕も南くんもなかなか友人一覧表を前に電話ができなくて。でも、南くんだけ仕事に行って、僕が家にいたときに「このままじゃ間に合わない。電話しよう!」って思いたった。みんな「そうなんやぁ。おめでとう」と。驚いた友だちもいたけど、みんな普通に祝福してくれて嬉しかった。

人前式だったけど、牧師の資格を持っている友だちに進行を頼んだのは、学生時代にその友だちに、自分がゲイだとカミングアウトしたときに「将来、結婚式するんだったら牧師役するよ」と言ってもらったことがあるから。そのときはまったくの冗談で、そんなことありえへんと思っていたけど、本当にそれが実現できるなんてと思いながら、約束通りその友だちにお願いした。

牧師役を頼んだ友だちにカミングアウトした2001年の冗談が、10年後の2011年に結婚式で本当に実現するなんて!!

僕はベタな結婚式をしたかったから、本当にベタな形で結婚式ができたのが良かった。お店の予約とか、レンタル衣装とか、指輪の注文とかその都度、「男性同士はちょっと……」とか言われないか緊張したけど、どのお店の人も言ったら温かく優しくしてくれた。

2011年から5年くらい経っただけなのに、今は、同性カップルもオッケーですと言ってくれる結婚式場やレストランも多いみたいで、本当にいいなと思う。

結婚式では、今まで南くんから名前だけ聞いていた友だちにもいっぱい会えて良かった。僕も兄貴も友人も呼べた。ただお祖母さんを呼べなかったのは心残りかな。そのときすでに90歳近かったお祖母さんに僕がゲイだというと悲しませるだけかもと思って言えなかった。それは僕の勝手な心配で、言っていたら喜んでくれたのかなとも思う。実際はわからないけど。それだけが結婚式の心残り。

第3章
弁護士という仕事

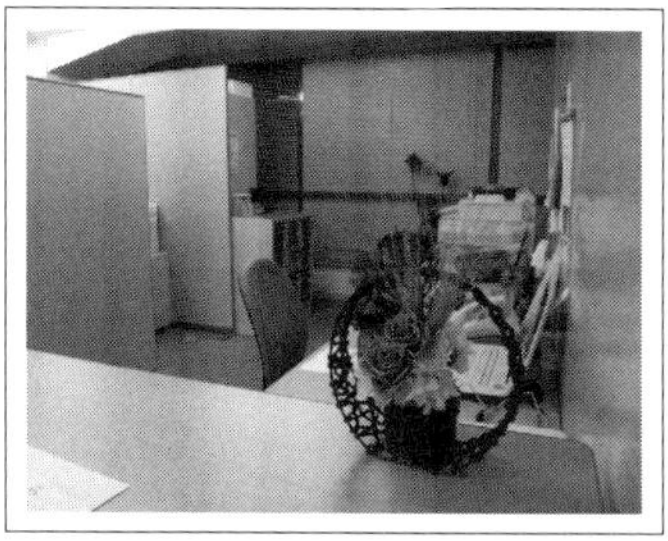

離婚問題、男女トラブル、
そして少年事件――
人の心に寄り添う弁護士夫夫。

［写真］「なんもり法律事務所」の受付

「なんもり法律事務所」へようこそ！

僕らが二人でやっている大阪南森町の「なんもり法律事務所」。新しく相談に来る人から連絡をもらうのは電話かホームページのメールフォームだ。弁護士に何か相談したいという人だからそれぞれの悩みは切実だ。

もちろん、僕ら二人が同性カップルだということを知った上での同性愛者の人からの相談もたくさんあるが、インターネットのトラブル、不動産のトラブル……いわゆる〝普通〟の相談もいっぱいある。

電話の場合は、まず最初に事務員さんが受ける場合が多い。その電話の時点で差し迫っている様子であれば、僕か吉田くんが電話を受けて、まず簡単なアドバイスをすることもある。

僕と吉田くんにはそれぞれ役割分担があって、僕の担当は離婚や男女トラブルの相談だ。どこかで僕と吉田くんで役割分担を決めたわけじゃないけれど、いつの頃からか、僕が離婚や男女トラブルの相談を専属的に受けるようになった。

語弊を恐れずに言えば、僕は離婚の相談を聞くのは好きだ。特に女性の離婚の相談は、人によって事情はそれぞれなのだが、いろいろな話がスッと心に入ってくる。

それは僕が同性愛者だからというのも少なからずあるだろう。ヘテロ（異性愛）の男性がなにかと中心に座っている社会の中で、どこか生きづらさを感じるところが悩みを抱える女性と共感するのだろうか。

別に男に腹が立つとか、男をどこまでもとっちめようとか、そういうことは全然思わない。ただ「あぁ苦しかったんだね」「本当はこう言いたかったんだね」というのは、わかる。手に取るようにわかる。

もちろん、離婚は法的問題だから、気持ちに共感しているだけでは話が進まない。いくら気持ちに共感しても、獲得したい法律上の成果につながるとも限らない。しかし、特に離婚の場合は、裁判所が判決で離婚を認めてくれるか難しいときでも、「この結婚は失敗だった」と思っている本人の気持ちをまずは汲み取りたいと思っている。だから、気持ちに共感した上で「でもね、裁判までいっても離婚できないよ。ただ、その離婚したいという気持ちを旦那さんに伝えてみては」とアドバイスするのも、相談を受けた弁護士としてやるべきことではないかと思っている。「あぁー、それやったら離婚の判決にはならへんわ」と言うだけでは、辛い気持ちは積み残しのままだ。

僕は、子どもがいても離婚していいと思う。子どもがいても離婚しか選択肢がない場合もある。なにより子どものために離婚できないのは、子どもがかわいそうだ。ギスギスした中で育つよりは、優しく楽しい愛情のある家庭で育ったほうがいいと単純に思う。

しかし、それが難しい。今の日本では、女性が親権を取って子どもを育てる場合が多い。そうなると、女性一人の収入と父親からの養育費で子どもを育てることになるのだが、日本は女性の収入が男性よりべらぼうに低い。裁判所が決める養育費もべらぼうに安い。結果、経済的な問題から離婚をためらう女性が多くなる。弁護士の辛いところは、「離婚したほうがいいと思うよ」と言ってみたところで、その人のそのあとの生活を保証できるわけではないことだ。

「離婚を実現させるのであれば、まず、離婚した後、自分がどのように暮らしているのか現実の生活設計を考えないとね」と言わなければならないことも多い。冷たいかもしれないが、「離婚なんてダメだ」というのではなく、「より良い離婚をするために頑張って用意しよう」というアドバイスだ。

実際、このアドバイスをきっかけに「よし、それなら私も、もう少し準備してしっかり離婚の準備をしよう」と決心した人もいる。

僕のところに相談に来る人の中には「これまでどの弁護士からも、離婚はムリムリ、結婚なんて我慢してなんぼと言われた」という人もいる。僕も、安易に離婚を勧めるわけではないけれど、離婚をしたいという切実な思いは後押ししてあげたい。だからこそ、踏み出したときにサッと離婚できるように、準備をするのが大事だと思う。

こういうとき、ふと思うのは、吉田くんだったらどうアドバイスするのかなということだ。吉田くんは離婚の事件の相談を受けないから、僕は吉田くんが離婚したい女性にどんなふうにアドバイスするのか見たことがない。

吉田くんも僕と同じようにアドバイスすると思う。いや、そうでなければ困る。離婚について違う考えだと、僕ら夫夫のもしものときに大変なことになってしまう。

吉田くんの「優しさ」のひみつ

吉田くんの仕事は、少年事件が多い。

少年事件というのは、子どもの犯罪事件だ。

司法試験を全国8番で合格するような吉田くんだから、デスクワーク中心のビジネスロイヤーでも十分に能力を発揮すると思う。しかし吉田くんは、バリバリのフィールド型の少年事件をいっぱい担当している。吉田くんは自分で「ドサまわり弁護士だ」なんて言っているが、それはすごいことだ。

少年事件をやろうと思うと、犯罪をしてしまった子どもと何時間も会って、なぜそんなことをしてしまったのか、単に「反省を促す」だけではなく、子どもが自分を見つめることができるように、子どもの内面まで関わっていかなければならない。

実は僕は、少年事件をまったく担当していない。だから吉田くんの取り組む少年事件は、僕にとってまったくわからない分野だ。ただ、吉田くんが一つひとつの少年事件にすごく時間をかけていることはわかる。何回も何回も鑑別所に足を運び、少年の家族と夜遅くまで事務所で話をして、裁判官や調査官といった、少年の処遇を決める立場の人とも膝をつき合わせて話す。

吉田くんは何のためにここまで時間を使って、頑張っているのだろうか。考えるまでもない、その子のために頑張っているのだ。

吉田くんはこれまで少年事件を何十件もこなしているが、親御さんや家族がお金を払って弁護士を雇ういわゆる「私選」というのはほとんどない。多くが、当番弁護や国選弁護の形で引き受けた、巡り合わせの事件だ。

だから場合によっては、なかなかソリが合わない子どももいるだろうし、何よりも家族にはたらきかけることが面倒くさいこともあるだろうと僕は思う。でも吉田くんは、一つひとつの事件で、確信を持って、目の前の子どものために自分の時間と労力を割いている。

「確信を持って」というのは、吉田くんが自分の価値観を押しつけて「これが子どものため」と思っているという意味ではない。吉田くんが持っているのは、「今、この子どもに真正面から関わることができるのは自分しかいない」という確信だ。吉田くんは、自分しかいないから、目の前の子どもたちに真正面から関わっていく。

なぜ吉田くんはここまで目の前の人に真正面から関わっていくのだろう。

無理して少年事件をしなくても、あるいは少年事件をするにしても、経済的にもっとワリのいいこなし方もいっぱいあるだろうに。

吉田くんのその姿勢は、吉田くんが家族からずっと「優しさ」を一身に受けて育ってきたからだと思う。吉田くんは本当にまっすぐいい子に育った。素直で優しくて朗らかで、本当にいい子に育った。吉田くんが、文字通りすくすく育ったのは、「優しさ」に満たされた子ども時代があったからだと思う。

吉田くんは、逆境で負けん気で歯を食いしばって雑草精神で育ったのではない。まだ小さいときに、多くの「優しさ」という養分をもらったから、その後、とてつもなく苦しい生活状況になったときも、枯れずにまっすぐ育つことができた。

中学1年のときに亡くなったお母さん、吉田くんの介護を受けながらも吉田くんが21歳のときに亡くなったお父さん、そして弁護士になった吉田くんの介護を受けながら亡くなったお祖母さん、みんないつも本当に吉田くんに優しかったのだと思う。

親の愛情にはいろいろな種類があって、それは親ごと家族ごとにそれぞれだろう。「厳しさ」「期待」「甘やかし」、そのどれも紛れもない親の愛情だと思う。吉田くんの両親やお祖母さんは、ただただ吉田くんにまっすぐ優しく接していたに違いない。

「優しさ」というのは、なかなか形ではわからないが、優しくされると人はリラックスできる。ずっと布団の中にいるような気持ちになる。この優しさは、優しくされる側にとってはとても心地いい。

しかし、自分から優しくするのは、真正面から包み込むことだから、自信がないとできない。自分が目の前の子どもに「優しさ」を注ぐことが間違いではないという自信が持てないとできない。「厳しさ」「期待」「甘やかし」は、たぶん自分に自信がなくても、大人の判断としての「正しい目的」を自分に言い聞かせればそれなりの格好がつく。「優しさ」だけは、別に何をもたらすわけでもないから、自信がないとできない。

表面上の言葉がやわらかいという「優しさ」なら、僕にもできると思う。逆に表面的な「優しさ」だけで見れば、吉田くんのほうがよっぽどぶっきらぼうだし、人見知りするし、愛想も良くないし、扱いにくい人だ。しかし、本当に頼みもない人ほど、最後は吉田くんのところにくる。吉田くんは見捨てないし見放さない。

僕は、吉田くんと出会ったとき、僕のほうが吉田くんの世話を焼くだろうと思ってつきあいだした。でも、今、いろいろな生活の中で、僕が好きなことばかりして、毎日何の悩みもなく好きにしていられるのは、吉田くんからの「優しさ」に満たされているからだと思う。

吉田くんが赤ちゃんの頃、幼稚園の頃、小学校の頃の写真を見ると、本当にかわいい。愛らしい笑顔で、どれだけ「優しさ」に満たされているのかが伝わる。吉田くん自身が「優しさ」に満たされていたのがわかる。だから今の吉田くんがある。

しかし、大人になってからの吉田くんはずっと人に「優しさ」を注ぐばっかりになっているのではないか。僕はもっと吉田くんに「優しさ」を注いで、吉田くんがいろんなことで安心できるようにしてあげたい。なのにいつも気づいたら、僕が吉田くんから「優しさ」をもらうことばっかりになっている。

台湾旅行（2009年12月）

検察官が言った「どっちが男役？女役？」

弁護士の仕事をしている中で、僕がゲイであること、あるいは僕と吉田くんが男同士の「ゲイカップル」であることをからかうようなことを言う人に出会うことがある。

「どっちが男役？　どっちが女役？とか思うやんかぁ」

と、検察官から裁判所で大きな声で言われたことがある。

検察官が裁判所の法廷に立つのは刑事裁判だけではない。検察官は、行政の処分について取り消しを求める裁判でも、被告である国の代理人として法廷に立つ。国を被告にした裁判というと、なんだか大がかりなように思うかもしれないが、入管法の手続などでは、そんなに大がかりな事案でなくても国を被告にした裁判をしなければいけないことがけっこうある。

そのときも、国を被告にしたちょっとした案件の裁判のときだった。

法廷での書類のやりとりや、次回までの準備の確認が終わったあと、僕が裁判所のエレベーターホールの横のトイレで用を足して、エレベーターホールに戻ろうとしたそのとき、聞こえてきたのだ。さっき法廷で一緒だった検察官が、一緒に法廷に来ていた部下の検察官や役所の人に向かって話していた。

「ホームページ見たらな、私たち結婚しましたぁって言って、写真まで載せてはるんやんかぁ」

「私たち幸せですぅみたいに」

「ほんま、やっぱり私、下世話やから、どっちが男役？　女役？とか思うやんかぁ」

さっき法廷で一緒だった原告代理人の弁護士について、どんな弁護士だろうとインターネットで調べたら、ゲイを公言する同性カップルの弁護士だとわかったからという僕の噂話をしているのは一目瞭然、いや、一耳瞭然だった。

たしかに、弁護士がいちいち私生活をホームページやブログに公開しているのは珍しかったかもしれない。相手の弁護士がどんな人かというのは話題の一つにもなるだろう。

「私たち幸せですぅみたいに」という言葉は、「世間から見たら変わり者でおかしいのに、幸せだと自分たちは言っている。おかしいよね……クスクス」ということだろうか。「男役？女役？」という言葉は、僕らがどんなセックスをするのかとかそういうことだろうか。

ゲイであることを公にして、同性カップルの弁護士だと公にすることは、裁判所のエレベーターホールで検察官から大きな声でからかわれても「しょうがない」ことなのだろうか。このとき、僕もさりげなく「先ほどはお疲れ様でした。どうもー」と声でもかけたら良かったのだけど、そのときはトイレの入り口のところで立ちすくんでしまって、エレベーターホールに戻れなかった。

ちなみにその検察官は40代くらいの女性だった。

僕の胸が痛むのは、こういうことを言ったのが、検察庁という権力的組織で働く女性だということだ。

日本の権力的な組織、検察庁や裁判所、それに中央省庁というのは、キャリアのある一人ひとりに課せられた業務量が非常に膨大で、多くの人が家庭生活を犠牲にして日々の仕事をこなす。わずかなミスすら起こしてはならない緊張感で働いている。

そんな過酷な、超長時間労働の現場でなじむのは、家庭を犠牲にできる、裏を返せば家庭を妻という女性にすべて委ねることができる既婚男性だ。そして次になじむのは、独身男性。検察庁で働く検察官は、公務員だから産休・育休の制度が整っており、建前上は男女平等だから女性の検察官も多い。女性が活躍しやすい職場だと言われている。しかし、その中でバリバリ働くためには、女性という個性は必ずしもプラスにはならない。

結婚していれば、「女性ならでは」の家庭での役割と仕事のバランスに苦しまなければならない。業務を処理する機械的能力が極めて高い人であればスマートにカッコよくこなせるかもしれないけれど、そうでなければしんどい。

結婚していなければ、「結婚できない女性」という、男性社会からの視線を向けられる。誰も言葉にしないだろうけれど、「結婚できない女性」だからバリバリと「男並みに働く」と解釈される。

僕は、検察官の仕事にも裁判官の仕事にもとても憧れがある。僕がもっと若く司法試験に合格して、そしてもっと成績が良ければ、検察官や裁判官という、組織の中で法律を扱う仕事に心を向けたのにと思う。しかし、そういうときに思い浮かぶのは「同性愛者であることは、一生、自分の絶対に明らかにしてはいけない裏の生活になるな」ということだ。

同性愛に限らず、女性であること、家族の事情、自分のルーツ、政治的意見、価値観……とにかく日本の権力的組織の一員として働くことは、自分の「個性」は「ないこと」にしなければならない。組織人として有能であることの一つの指標が、「いかに無色透明に見えるか」ということ。だから、男性中心型の社会の中で、権力的組織で働く女性は、「女性」であるというだけで、「無色透明ではない」ことになって、しんどい。

結婚して家庭があっても、結婚していなくても、子どもがいてもいなくても、常に「男性ではない」ことと向き合わなければならない。そんな、ある意味自分と同じ感覚を持ち、同じ苦悩を抱えている女性が、僕のことをからかったのだ。それは、自分で自分を差別して、傷つけているのと同じだ。

２０１５年にアメリカに研修に行ったとき、アメリカの国務省を訪問した。国務省ではかつて、同性愛者であることがバレた場合、外交官はクビになると決まっていた。そしてクビにされた同性愛者の外交官が裁判で争ったが、裁判でもクビは有効となったそうだ。「同性愛者だとわかるとクビ」という理屈がなぜ認められていたのか細かい話は聞けなかったが、もしかすると「自分に秘密を抱えている人は、自分の秘密と引き換えに国の秘密を売るかもしれない」といった、スパイになる危険因子があると考えられていたのかもしれない。

ところが今、アメリカの国務省の中には同性愛やトランスジェンダーの外交官や職員で構成されるＧＬＩＦＦＡという組織があって、国務省の中に同性愛者がいること、トランスジェンダーがいること、それぞれが〝色〟をもって生きていることを堂々と明らかにして働いている。

また、アメリカの国防省でも、長年、「同性愛者であることを問わないが、しかし同性愛者であることを公にしてもいけない」という政策をとっていたが、近年、それを大転換した。同性愛者が自分が同性愛であることを軍隊の中で公にできるようになった。

当たり前だが、日本の検察官にも裁判官にも同性愛者はいるはずだ。しかし、同性愛者ですと公にしている話はなかなか聞かない。僕もあまり知らない。多くの異性愛者にとって異性愛であることが「当たり前」のように、同性愛者にとっては自分が同性愛者であることは「当たり前」だ。そして同性愛者は異性愛者ではないから、異性愛者のフリをして過ごすことや、異性愛者であるフリをしろと言われることは、とてもしんどい。その都度、その都度、自分に嘘をついて、自分の「当たり前」は世間では「受け容れられないこと」だと、自分に言い聞かせる。

そのしんどさを抱えながら仕事をするなんて、とてもつらいことだと思う。

僕は、検察庁や裁判所という権力的な組織こそ、一人ひとりが決して「無色透明」ではなく、何かしらの色をまとっていることを明らかにすることが必要だと思う。その上で目の前の業務をこなしてこそ、組織としての「良い仕事」になるのではないかと思う。

一人ひとりが、自分の色を仕事に映し出すことは「我慢してきたのは女や同性愛者だけじゃない、俺だって男の役割をするために我慢してきた」という男の人にとっても、ホッとすることなんじゃないかと僕は思うのだが。どうなんだろうか——。

同性愛は「異常」なのか？

2015年の末頃、「同性愛は異常」という趣旨のことを地方議会の議員が発言したとして物議をかもした。公務員がインターネット上の私的な発言として同じようなことを言ったケースもあったし、大阪の弁護士がツイッターで「同性愛は異常」と書いたケースもあった。

同性愛は「異常」ではない。そもそも異性愛だけが「正しい」＝「正常」なのだろうか。人が人を好きになる感情や性的な欲求を持つこと、あるいは家族としてどういう相手と暮らしていくか、それは人それぞれだ。世の中にひとつだけの「正しい型枠」があるのではない。たまたま「よくある」スタイルだったり、たまたま「よくあるということもない」スタイルだったり、その程度の違いだ。

第一、人が誰かを好きになること、人がどんなセックスをするかということ、人が誰と家族として暮らすかということについて、自分と違うものを「異常」と決めつけて、「間違っている」と言い募ることは差別だ。そして差別で人を傷つけることすら「思ったことを言っただけ」と開き直ることは、さらに悪質なヘイトスピーチだ。

同性愛を「異常」だという人は、自分が差別していることを開き直る理由として、「ほとんどの人が異性愛」とか「セックスしても子どもが生まれない」ということを持ち出す。しかしそれは、人を「差別」することを「正しいこと」にする理屈になるのだろうか。そもそも人を差別して傷つけることに「正しい理由」なんてあるのだろうか。

するとある人は言う。「いや、差別かもしれないけれど、だって嫌いなんだもん」「自分が嫌だと思うんだもん」「不快なことを不快だと言うのって、正論じゃない!?」「日本人も思ったことをノーと言えるようになったのだよ」。差別する自由があるという理屈だ。

心の中で何を思うのも自由かもしれない。

「同性愛者気持ち悪い、全員死んだらいいのに」
「同性愛者を殺しても殺人罪にならないようにしたらいいのに」
心の中でいくらでも思うことはできるだろう。

しかし、心の中で自由に思ったことを言葉にして人を傷つける自由が認められるわけではない。そのことだけは、社会全体として共通認識として持っておくべきだろう。自分がスカーッと「言ってやったぜ！」と気持ちよくなるために吐き出した言葉が、特定の人たちの心をズタボロにして、明日に生きる気力すら奪う。ヘイトスピーチをしたことで人を傷つけた罪深さに、ちゃんと向き合ってほしい。

いろんなことにムシャクシャする日常だ。腹が立つこともある。思ったようにいかないことばかり。お金も貯まらない。いや、いろいろ恵まれてはいるけど、世の中を見渡したら、自分と属性やら考えやら政治的意見が「違う」人たちばかりが目立つ。イライラするぜ……というとき、パーンと「ムカつくねん。死ね」と言ってみるのは意外とスッキリする。

しかし、それは人を傷つけてまですることだろうか。差別で傷つけられることは、いくら習い性になっても全然、慣れない。その都度、その都度、傷つく。「傷つきすぎだよ」「気にしすぎだよ」「デリケートすぎだよ」と、傷つけられる側の責任に転嫁するのは、強者の論理だ。

「同性愛は異常」という言葉が、地方議会の議員から、そしてまさか僕と同じ同業者の弁護士までもが、公に言うようなことに直面して、僕はまず大きく傷ついた。会ったこともない人が言った発言なのに、自分にだけ向けられた発言でもないのに、やっぱり「僕は異常なのかな」と傷ついた。それはひとえに「差別されている実感」だ。

「同性愛は異常」という発言をした人たちは、本音のところで「言ってもいい」と思っていたのだろう。でも違う。「同性愛は異常」という言葉を発することは、直ちに人を傷つけることで差別なのだ。人を傷つけるヘイトスピーチなのだ。「人はなぜ同性愛になるのか」ということを突き詰めて解明したら、「差別してもいい」あるいは「差別したらだめ」という結論が出るとかそういう問題ではない。

今まさにその言葉が人を傷つけて、苦しめているのだ。

「差別」についての共通認識を社会が抱くようになれば、自分と違う人にも優しく、自分が人と違うことも大切に、それぞれが自分も他人も大切にして生きていくことができるのにと思う。

母校・天王寺高校での講演（2015 年 11 月）

吉田の回想⑦

検察官の言った「男役？女役？」について

南くんから、裁判所のエレベーターホールで検察官が「どっちが男役？女役？」と言っていたと聞いて、その場にいたらなんか声をかけたのに——。

僕はそれを聞いて単純に、失礼っていうか、ひどい人やなと思った。

だからどんな検察官か顔を見に行ったというのではないのだけど、ちょうどその裁判の次の期日、南くんは東京に出張が入っていて、僕が代わりに裁判所に行くことになった。「あ、ほんとに、もう片方がでてきた。やっぱりゲイカップルなんだ。クスクス……」と思われないかという嫌な気持ちもあったけど、なんか言ってやろうかという気持ちもあって、二つの気持ちを抱えて法廷に。

法廷で特別なやりとりはなく、期日が終わって「ひと声かけようか」と悩みながら廊下に出ると、その検察官はほかの人たちと談笑していた。その日は僕たちのことで笑っているわけじゃないだろうけど、前回、南くんはこういう状況で「男役？女役？」と言われているのを聞いたのかと思い出すと、やっぱり声をかけようと意を決する。

僕が近づいて声をかけたら、怪訝そうな顔をするので、僕は名刺を出して「初めてお会いするので挨拶をと思って」と言って名刺を差し出した。

「あ、どうも、私なにも持ってなくて、すいません」と、戸惑い気味な検察官に、「いえ、僕たちのことは、ホームページ見ていただいているようで」とひとこと言った。検察官はかなり戸惑いつつ、「あ、はい、見させてもらってます」と。

やっぱり見てるんだと思って「幸せそうな写真と言っていただいて、ありがとうございます」と言ったら、ばつがわるそうに、「あ、はい」と検察官も奇妙な笑顔をしたので、僕は「どうも」と言って、帰ってきた。

「どっちが男役で、どっちが女役かはお教えできなくて残念ですが」ということまで言うと品がないし、そこまで言わなくても、前の期日のことだとわかるだろうから。

言ってやったという気持ちよりも、むしろどっと疲れたというのが正直な感想だ。

吉田の回想⑧

少年事件への思い

僕自身は、自分が家族から優しさを受けて育ったということを、昔から特別に意識して考えたことはなかった。けど、南くんから「ふみ（僕のこと）は、本当にお母さんとお父さんから愛情をいっぱい受けて育った子やな」と何度も言われる中で、振り返るとたしかに僕は愛されて育ったんだと思い当たる。

僕自身が愛情をいっぱい受けて育ったのに、途中でお母さんを亡くしたことや、同性愛者で社会の中で居場所がないという思いをなんとなく抱えていたことが、僕を少年事件に向かわせているのかなと思う。ただ弁護士になったら少年事件をしたいと具体的に意識したのは、先ごろ亡くなられた毛利甚八さん原作の漫画『家栽の人』を学生の頃に読んで影響を受けたからだ。昔から僕は単純だ。

僕はこれまで少年事件で出会った子どもたちで、この子とソリが合わないと思ったことはない。難しい子だなとか、なかなか話してくれないなぁとか思ったことはあるけど、嫌いな子は一人もいなかった。子どもたちの「しんどさ」に共感できるから。

弁護士は少年事件の手続の中では付添人という役割をする。僕が付添人という役割をすることへの思いは、事務所のホームページに『付添人としての思い』というコラムで掲載しているので、それをここにも転載する。

「付添人としての思い」
（なんもり法律事務所のホームページから）

少年事件の付添人をするときに、意識をすることは、たくさんあります。

もちろん、処分を軽くすることは考えます。少年院に収容されることは、少年や家族の望みではないでしょうし、不利益も非常に多いものです。でも、厳しい処分を回避するため、ということのみになってしまうと、結局は、小手先の動きに終始し、結局何もいいことが残らなかった、となる気がします。また、処分は、もともと保護観察になりそうだ、とか、厳しい処分は回避できない、というケースもあります。

付添人として少年に関われるのは、弁護人として活動する捜査期間を含めても一カ月程度。その中で、少年がこれまで10年20年と積み重ねてきたものを、大きく変えることはできないし、変えようとするのはおこがましいのかな、と思います。

もちろん、鑑別所に入ったときと審判のときでは、少年らが飛躍的な変化をとげることも珍しくはありません。あまり変わらない少年の方が少ないくらいです。でも、それはその瞬間のことであって、今後もその状態がそのまま続くことはまずないと思います。そもそも、鑑別所は危険もない、判断に迷うこともない、保護された環境なのであって、日常生活の場ではないのです。

では、付添人活動は今後の少年の人生にとって無力なのかと言えば、決してそうではないと思っています。むしろ、以下のような点で、大きな可能性と意義のある活動だと思っています。だからこそ、安いとは決して言えない報酬を支払っていただくことができるわけです。

一つは、一度深く考え、心に感じたことは、表面的にそれが持続しなかったとしても、少年の内部で生き、将来の種になるということです。少年が今後、壁にぶつかり、もがいて、それを乗り越えようとするときに、今回の事件の本当の意味、親や周囲の人々の真なる思いにふと思い当たってくれると思っています。人の痛みを感じること、人のやさしさを感じること、自分の気持ちに向き合うこと。そんな体験が、必ず生きるときがくるはずです。

そのために、今、被害者のこと、家族のこと、事件の原因、自分のこれまでの生活、自分の性格、そして自分の気持ちなど、いろいろなことを深く考えることが、本当に大事で、その手助けこそ、付添人活動で重要なことです。

もう一つに、自分のことを真剣に考えて動いている人がいた、そんな経験もまた、少年の後の成長にとって、意義あることと思います。自分のために頑張った大人たちの存在が、自分は大事にされているとの実感につながり、少年自身が自分を大切に、そして人を大切にすることにつながっていくと思っています。

もちろん、これまで面識もなかった付添人が、どれだけ少年のことを分かり、気持ちに応えることができるかというと、心もとないでしょう。でも、少年のことを分かろうと頑張ることで、これまた、ふとしたときに、自分のために頑張ってたあんな弁護士もいたよね、と思い出してくれることを願っています。

付添人にできることには、限られてはいますが、付添人だからこそできることが多くある。できるだけ、深く物事を考えてもらえるよう、また、自分が大事にされたと感じてもらえるよう、最大限のことをしていきたい。

それが、僕が付添人として活動するときに、一番考えていることです。

第4章
毎日の暮らしの中で

2人が生まれた大阪の町で
ケンカして、怒って泣いて笑って、
何気ない毎日が〝特別な日〟。

［写真］大阪の海遊館（水族館）前にて（2015年1月）

弁護士夫夫のケンカ

僕ら二人はとても仲が良い。いつも一緒にいるし、一緒にいるとそれだけでけっこう楽しい。笑っていることも多い。そして全体で見れば、実感として僕は吉田くんに優しくされている。愛されていると思っている。

バッタリ僕ら二人を見かけた友人から「うわぁー、ほんとに仲いいんですね」と言われることも多い。そりゃそうだ。夫夫なんだから。

そういう意味でも僕らの中には、決定的なケンカはない。お互い、言いたいことを言って、ぶつかって、にらみ合って、テーブルを挟んで「さぁ。どうするの？ 変わるの？ 別れるの？ どっち?」みたいなシチュエーションはない。

では、いつもラブリーなバラ色のオーラしか出ていないのかというとそうでもない。険悪になることも実はしょっちゅうある。でもそれはケンカではない。僕らの険悪な場面は、僕が怒られている、あるいは吉田くんが怒っているパターンばっかりだ。（あれ？　さっきの章で「吉田くん優しい」と書いたのに……）

怒られるパターンその1

僕が怒られるパターンで多いのは、「話を聞いていない」である。

話を聞いていないというのはとても厄介で、話を聞いていない方には、話を聞いていない自覚がないから（だからこそ話を聞いていないとなる）、大変だ。

「聞いてないやろ！」と言われて「へ？聞いてるよ」と答えて、「なになにがかくかくしかじかって言ってたんやろ」と、とりあえず耳に残っている吉田くんの発言をそのまま言うのだけど「だから聞いてないって怒ってるんや！」とかえって怒られる。

耳に言葉として入っていたら「聞いている」と思っている僕と、ちゃんと内容を理解して「うんうん」と応答していることこそが「聞いている」なのだという当たり前の吉田くん。

怒られるパターンその2

僕が怒られるパターンで次に多いのは、「僕が仕事の話ばっかりする」だ。

僕は、オンオフの切り替えがあまりない。朝から晩まで仕事をしていても苦にならないというか、頭の中でずっと仕事のことを考えている性格だ。ご飯を食べていても、二人で出かけていても、デパートで買い物をしていても、普通に仕事の話をしてしまう。しかも同じことを。「あの事件の裁判官、あれやったよなぁ」とか、もう、今さら言ってもどうしようもないことを、くどくどと言う。しかも同じことを。

自分でも同じことを言っている自覚はある。まるでずいぶん年寄りになったようでそれも嫌なんだけど、でも言ってしまう。なぜだろう。

吉田くんが「仕事の話、今、聞きたくないのだけど」と言うのに、それでも僕は、また忘れたように同じ仕事のことを……要するに、僕は、吉田くんと一緒に過ごしている時間そっちのけで、そのとき気になっている仕事のことを頭でぐるぐるさせて、そのまま口に出す。そんなの一緒にいて、楽しくなくて腹が立つのは当たり前で、吉田くんは怒る。

怒られたらどうなるのか

どういう形にせよ、僕は吉田くんに怒られたあと、「あぁ怒られた」というとてつもなく暗くどんよりした空気を発して、「はぁ〜っ」という顔をする。

それだから、怒ってる吉田くんとしてはますます腹立つわけで、「怒らせといて、なんでそんな辛気くさい顔するの！」と、険悪感はマックスになる。僕はそうなると「あぁ、怒られた。怒られた」ともうますますドンヨリしちゃってどうしようもない。

昔はそこでバーンと破裂することもあったけど、最近は僕も吉田くんもずいぶん心得て、そうなると、あ、しばらく別の部屋にいようみたいなことになる。そして僕は、せっかく別の部屋だからと、ここぞとばかりにパソコンを開いて思う存分仕事をする。吉田くんも吉田くんで、ベッドの中でスマホいじって、怒ったこともそっちのけだったりする。そうして、なんとなーくまた仲直りするのだが、僕は怒られた側だから、どこか腰が引けていて、吉田くんがそれに気づいて優しく頭をトントンとしてくれて、ホッとして眠る。

こんな同じような「怒られ劇場」。険悪になって、仲直りしてを何回も何百回も繰り返している。僕が怒られないようにするとか、吉田くんが怒らないようになるとか、いいかげん学べばいいのに学ばない。

日々成長であるが、成長しない僕らである。

さっき怒られた！

本当に今日のさっきの出来事だ。せっかくだから、リアルな「怒られ劇場」をひとつ。今日も今日とて、朝から僕も吉田くんも、それぞれに裁判所に行ったり、事務所での面談打合せがあったり、息をつく暇もなく、気がついたら夜だった。お昼ご飯はそれぞれ別だったが、裁判の合間にあっちこっちへ電話していたら、結局コンビニのサンドイッチしか食べられなかった。

そして、夜、二人で家に帰ってきて、二人とも疲れているのに吉田くんは、ご飯の用意をしてくれた。豆腐のあんかけ、具たくさんの味噌汁、焼き魚、自家製のぬか床でのぬか漬け……。

お米は炊飯器の「特急コース」で炊くことになったのだが、焼き魚のグリルと同じコンセントだったのでブツン！と途中でブレーカーが落ちてしまった。吉田くんは、慌てて「あぁ、そうだった。グリルを使うときは、炊飯器はテーブルの上で使わないと」と、手際よくセットし直した。

実は吉田くんから「マンションの管理会社に連絡をして、戸別に電気容量を上げる方法はないか聞いておいて」と、1カ月、2カ月、いやかなり前から言われている。

しかし、僕は電話をすることもなく、今日もブレーカーが落ちた。

「電話いつになったらしてくれるん」「ほんまに、自分が家事しないからって、人のことになったらすぐに放置するよね」「人の頼みを真剣に聞いてくれてないよね」と、詰め寄る吉田くん。「ヤバい」「ツメられた」と焦る僕。

電気のブレーカーのことを吉田くんは聞いてほしいと言っていて、僕がそれを放置しているのは、単純に「僕がまったく家事をしないから」「自分のことではないので後回しにしているから」と言われたらその通りだ。僕が、言われてすぐに、たとえば次の日にでもマンションの管理会社に電話して聞いていれば、電気容量を増やせるのか増やせないのかは別にしても、怒られることはなかっただろう。

僕はいつも自分のことばっかりだ。

かたや吉田くんは、今日の晩ご飯にしても、僕が豆腐が好きだからとか、僕が照り焼きよりも塩焼きが好きだからとか、いつも僕のことを考えてくれている。

そして、僕はとっさに「あ、でも一昨日くらいに、本当に電話しようと思って、でもそう思ったら管理会社の営業時間外で」と真っ赤なウソを言ってしまう。一昨日はおろか、ブレーカーが同じように落ちて、「電話しておいてね」と言われるごとに思い出すのに10分後には忘れている。なのにこんなところでウソをつく自分が情けない。

そんなわけで、晩ご飯ができあったときは、僕もずいぶんとドンよりしていた。でも、このままドンよりご飯を食べるのはとても気まずい。僕は意を決して、「ほんまにごめんな。ブレーカーの電話。忘れていて。ちゃんと電話するから。いつも自分のことばっかりでごめんな」と言った。

するとご飯を並べ終わった吉田くんが言った。

「あぁ、それを気にして暗い顔してたんや。気付かんかった。そんなん、僕なんてヤカンみたいに、ピーッってそのとき怒るだけやん」

あ、そうだったのか。きっとそれを言ってくれなかったら僕は一生、「あのときブレーカーのことで怒られた」と思い続けるのだろうなと思った。なんて恨みがましい僕。

裁判で離婚事件をしていると、時々目にすることがある。「結婚した当時、私がなんとかかんとかしたら、夫がなんとかかんとか言って、私は夫から下に見られているのだと思いました」と。

それが本当か、思い過ごしか、それはそれぞれだけど、僕の場合も吉田くんの最後の一言がなかったら、離婚のときに同じことを言ってたかもしれない。

自分の心の余裕のなさにトホホである。

ドラマみたいな寝言もある

僕と吉田くんは、寝室は同じ。シングルベッドをキュッとふたつ並べて、マットレスの谷間はあるが、いちおうゴロゴロすれば隣のベッドに転がれる。

でも、そのようなスタイルにしたのはまだ3年くらいのことで、それまでなぜか僕らは寝室を別にしていた。あるとき「よく考えたら寝室一つにしたほうが家全体を有効活用できるじゃないか」ということに気付き、寝室を一緒にした。ちょうどベッドを新調したのに合わせたはずだ。仕事も一緒だから、起きる時間も寝る時間もだいたい同じで、寝室を別にする意味はたしかにまったくない。

寝室を一緒にしたことで、僕は吉田くんの寝相や寝言がよくわかるようになった。寝相は別に悪くない。布団から顔だけ出してすやりすやりとしている吉田くんは、赤ちゃんのようにいつもかわいい。そして吉田くんは意外と寝言を言う。けっこうはっきり言う。

「かずぽん、郵便出しておいてくれた？」とか、「だからさっき、まだです。むにゃむにゃ」みたいな。実はたまーに、人の名前がある。僕の知っている名前もあれば、知らない名前も。それを聞くと楽しい気持ちになる。

「あぁ、そうか。吉田くんは、あいつのことが、けっこう気に入っているのか」みたいなことがわかる。申し訳ないけれど、心をのぞき見たような気持ちで楽しくなる。


テレビドラマで、隣の布団で寝ている夫が妻とは違う女性の名前を寝言でいって大ゲンカみたいな話がある。そんなのほんとなの？とか思っていたが、どうやら人は寝言では正直に、気になっている相手の名前を呼ぶものらしい。


起きている昼間に改まって面と向かって「今、実はあの人のことが好きだから、南くんとの関係をしばらく考えさせてくれ」と言われたら、ケンカになるというか、落ち込むかも知れない。

しかし、しょせんは寝言で、寝言は夢の中だ。

そうかぁ夢の中で名前を呼ぶくらい、あいつを気に入っているのか……。ふふふ。なのにごめんね、隣に寝てるのは僕で……みたいな感じだ。そんな中で、恋だの愛だのいうよりもっと確実に、吉田くんが僕と夫夫として一緒に暮らそうと思っているのだから、寝言の誰かより「勝ったな」て気分だ。

むしろ、吉田くんには夢の中くらい、僕の世話をしなくていい時間を過ごしてもらいたい。

ハンドルを握れば

僕と吉田くんの暮らしの中で、車はなくてはならない。家から事務所まで自転車でも15分くらい、電車で行ってもドアツードアで25分くらい、いざとなったら歩いても45分なのだが、それでも車で通勤してしまう。

友人の弁護士から「こんな近くに住んでいて車で通勤するなんて大名だ」なんて言われたことがある。でも車はちゃんと仕事でもいっぱい使ってます。

まず、二人で一緒に通勤するし、吉田くんは少年鑑別所に行くことも多い。僕も吉田くんも成年後見の仕事も多いので、何かと郊外の老人ホームや区役所や市役所に行くことも多い。ディーラーの人に「営業車並の走行距離ですね」と言われるくらいだ。ええ、営業車です。

僕らの運転物語は結婚式を挙げたあたりから始まる。

結婚式を挙げたのは２０１１年４月。その年の５月くらいから、少しずつ運転生活が始まった。最初に運転に手を出したのは僕だった。普及し始めたカーシェアリングのステーションが、家の近所にできたのである。

僕も吉田くんも免許は持っていたけれどペーパードライバーだった。が、僕は「自分のほうが吉田くんより運転は上手」と思っていた。

結婚式も挙げて何かしら目新しいことも見つけたかった頃、僕は近くにできたカーシェアリングのステーションで、夜な夜な車を時間借りして、ちょろちょろと運転の練習を始めるようになった。

それまでどこかに出かけるといえば、自転車あるいは電車。そうすると時間の制約もあるし、距離の制約もある。二人で出かける週末がもうマンネリ化しているところだった。そこで運転ができるようになって、生活範囲が広がれば、また二人の生活にも新しい楽しみができるだろうと思った。

結婚式を挙げたばかりで、倦怠期ということはなかったけれど、何かしら新しく二人の生活を変えていきたいという気持ちは強かった。

車に乗り始めると本当に生活が一変した。

土曜日に、国選弁護人をしている刑事事件の被疑者に面会に行くとなっても、カーシェアリングで車を借りて、郊外の警察署に二人で出かけ、そこから警察署に近いショッピングモールに行って買い物をして、夕方に荷物いっぱい持って家に帰ってくることができるようになった。

それまでだったら、電車でえっちらおっちら、荷物を抱えて警察に行って、面会が終わってから出かけるにしても、また電車だからなんだかもう面倒くさくなって、結局家に帰る。そうすると「せっかくの土曜日なのに警察に行っただけじゃないか」みたいな話になることはよくあった。

二人にとって、車で出かけることができるというアイデアはとても斬新でそして楽しいことだった。車でしか行けないところや、電車だと不便なところにも「行こう」という気持ちにもなった。出かけた先でかさばる物、たとえば観葉植物の鉢植えなどを買うということもできるようになった。

カーシェアリングの会社のテレビCMがあったら、カーシェアリング体験者として何時間でもしゃべれるくらい、カーシェアリングで僕らの生活は一変した。

あと思わぬ効能として、車に乗るようになってからお墓参りにもよく行くようになった。吉田くんの両親の骨は散骨なのだが、僕の父のお墓は大阪府南部のほうにある。電車で行くと片道2時間以上なのに、車だったら高速道路で1時間かからない。そのおかげでお墓参りの頻度が増えたことは良かった。というかお墓参りも行程に組み込んだ休日のお出かけが計画できるようになった。

そんなこんなで僕らにとって車の運転は新しい生活を見せてくれた。

ちなみに、今、車の運転は吉田くんのほうが断然に上手い。僕はもう自分で言うのもなんだが、どこかおかしいんじゃないかというほど、ボーッとしているときがある。事故は今まで一度もないけれど、「あっ」とか、「あれ?」とかすごく多い。

吉田くんは、もともと自転車の運転も上手だったから車の運転も上手だろうなと思っていた。でも、僕のほうが最後はきっと上手だとも勝手に思っていたのに。

僕は道も覚えない。僕としては道がわからなくても、行き当たりばったりで適当に走るところにも、面白さがあると思うのだけど。

僕は自分のそういうところを「芸術家肌」とか言って美化している。吉田くんはそれこそ「実務家肌」で、車の道は一度通ったらだいたい覚えるし、「無駄のない」ドライブが大好き。

それにしても二人で車に乗ることが多い。二人で車に乗ることが多いから、よりいっそう、お互いの性格がよくわかるようにもなる。

大阪で生まれたワタクシ

僕は政治的なポリシーとして、偏見を持たない、先入観を持って接さないということを心がけている。だから「あぁ、東京だから」「なるほど広島の人だもんね」とか言うことは心にフッと浮かんでもこらえるようにしている。

それは国籍や出自についての先入観やイメージが、いろいろな差別のきっかけになっていると感じるからだ。差別の心というのは、知らない間に自分の中にもジワッと染み出していることがある。そういうときは、ちゃんと自分で自分の心根と向き合わないといけない。

さて、そんな中で僕は大阪生まれ大阪育ち、そして今でも大阪で暮らしている。僕にとって大阪は「何の変哲もないそこらへんにある日本のちょっとした都市部」でしかないのだけれど、どうも大阪には特定のイメージがあるらしい。

これまでも仕事の上で接した関東の人から「ほんとに、先生は大阪の人だから、はっきり言わないとわからないんですよ」とか「やっぱり先生は大阪の人だから何でもズケズケ言って」と言われたことがある。「いやーそれは僕がわからないだけですよ」とか、「大阪の人やなくて、僕がズケズケ言うだけですよ」とか思うのだけど、それが大阪のイメージなのかしら。

大阪の人は、はっきり言わないと通じない、そして大阪の人はズケズケ言うというイメージなんだろうか。大阪のイメージがそうであればちょっと残念だ。たこ焼きとか、お好み焼きとか、おいしいものがたくさんあるとか、古墳がたくさんあるとか、そういうところも見てほしいなぁと思う。

ただ、大阪のイメージかどうかは別として、僕は今まで「ほんまに大阪らしい」「大阪のイメージ通り」「大阪のおばちゃん」と言われ続けてきた。どうやら僕は「大阪」らしい。それもまた変な話で「大阪のイメージってなに?」とか思うけど、「大阪はアンタや」と言われると、「ええっ?僕が大阪」という感じ。大阪で生まれ育ったのだから、それは大阪冥利に尽きるというべきか。

２０１５年7月に3週間、アメリカ国務省のＩＶＬＰという研修に参加した。自分が本国で密接に関わっているテーマについて、少人数のグループでアメリカ各地を回るツアーなのだが、同時通訳さんがアテンドしてくれて、滞在費用等はアメリカ連邦政府の予算である。

僕が参加したのはＬＧＢＴの草の根の人権活動をテーマとする研修ツアーだった。一緒に日本から参加したのは５人。僕ともう一人は大阪から。あと３人は九州の福岡からの参加だった。年の差は少しあったけれど、５人で本当に仲良く楽しくまるで青春時代のようなアメリカ横断ツアーだった。

さて、そんな楽しい研修ツアーの最後の訪問地ロサンゼルスのホテル。そのホテルは少しだけ高級で、朝食は無料じゃなくて、１食２０００円くらいのビュフェを自分で注文するか、外で何か食べるものを調達しなければ朝は腹ペコだった。

僕は1食２０００円のビュフェはさすがにもったいないと思って、ホテルから徒歩で行けるドラッグストアで、何か食料を買うことにした。でも、スーパーもコンビニもなくドラッグストアだったので、食料の種類は豊富ではなかった。とりあえず食べれたらいいやという感じの既製品の菓子パンを僕は買った。

そして僕は、ドラッグストアのビニール袋の中に菓子パンと野菜ジュースを入れてホテルに戻ったところで、同じツアーメンバーで福岡から来たMくんとバッタリ会った。Mくんも、ホテルの朝食が高いから、どこかに朝食を食べに出かけようという様子だった。

だから僕は、Mくんに朝食事情を教えなければと思い「おはようー。あかんかったわ。裏のドラッグストア。菓子パンだけやった。食べモン、全然あらへんかった」と、もう自分の中では最高に丁寧にわかりやすい説明でホテルの近くの朝食情報を提供した。

「ぎゃっはっは!!!ぎゃっはっは!!!ちょーっ、ちょーっ、ちょーっと、南さん。ちょっと待って……」

ところがである。Mくんは、もう話そっちのけて、文字通り腹をよじって笑い出した、いや、もう笑い崩れたのだ。

「だって、もう、今の南さん、ごめん。ここ、ロサンゼルスなのに、後ろに〝ナニワの景色〟が見えたの」

『食べモン　あらへん』って言ってる南さんの後ろに、『ナ・ニ・ワ！』のネオンサインが見えたわ。あー、おかしいおかしい。ゲラゲラ……」

なにさーっ。いつもシャレてて、格好いいMくんはそのまま笑い転げて、結局バカ高いホテルの朝食を食べる方向へと消えていった。

しかし、そうらしい。僕は、ロサンゼルスのホテルのロビーにも「ナニワの景色」を出現させるほどの大阪人だそうな。そうか、大阪なのか。そんなつもりなくても僕には大阪が染みついているのか。故郷っておそろしい。

夢がふくらむ間取り図

僕は家の広告を見るのが好きだ。土日の新聞の折り込み広告となると、それをもう穴が空くほど見てしまう。「この間取りはあぁだこうだ」「この場所は駅からこう歩けばどうだこうだ」「ウッドデッキでバーベキューできるんじゃないか」

家には夢がある。

子どもの頃はずっと賃貸のマンション暮らしだった。結局父は、家を買うとか建てるとかそういうことは一切しなかった。そのためか余計に家への憧れがあって、子どもの頃からノートに理想の家の間取りや家の外観の絵を描いて、そしてその実物を想像し、胸を高鳴らせていた。

今は吉田くんと二人でマンションに暮らしている。分譲マンションをローンで買った。ちゃんと返していけるのかは今も不安だ。それでもマンションを買うときはわくわくした。少しだけ間取り変更ができる物件だったので、「大人二人なので、この洋室を潰してリビングを広げてください」なんて言って、少しだけ自分の考える家にすることができた。それでもいまだに、家の広告なんかを見ては、「この部屋は、こういうふうにして間取りを変えた方が僕と吉田くんにはちょうどいいかな」とか、そういうことばっかり考えている。

そうして想像するのは「吉田くんと僕の二人が住む家」ばかりだった。せいぜい、猫のトイレをここに置いたら、猫の縄張りが広く取れるかなとか、もしかして犬を飼ったらここから犬が出入りできるかもとか、家族の延長はペット止まりだった。
ところが、最近「あぁ、子ども部屋がいるかな」と思うようになってきた。家に子どもがいる暮らしも思い描くようになった。そんなことは今までずっとなかったのだけど、最近になって仕事でたくさんの子どもとの関わりを持ったからだ。

僕は子ども時代、恵まれていたと思う。家族に疑問を持つことはなかった。母がいて、父がいて、兄がいて、みんなが僕のことをかわいがってくれた。それぞれケンカはするけど、朝になればまた仲良くなった。

ところが家に帰っても、自分のことを大切にしてくれる親がいるわけではない子どもたちもいっぱいいる。それでも子どもたちは、一生懸命、毎日を過ごそうとしている。うまくいかない日々の中で、「そもそも自分は誰に何を望まれて生まれてきて、毎日、生きていてどんな意味があるのだろう」と、はっきり言葉にできなくても、「自分のなぜ」を一生懸命に考えているのではないか。

家がないとか、家には自分の居場所はないとか。そういう子どもたちのための里親になるとか、帰る家になるとかできたらいいなと最近思う。

マンションを買うときに、「大人二人なので、この洋室を潰してリビングを広げてください」なんて言って、大きく広げたリビング。もしかしたら隅っこに学習机を置けるかも知れない。今は、猫と荷物の部屋になっている洋室も、子どものベッドと箪笥を置けるかも知れない。そんなことを考えるようになった。

兄の子（甥）を連れて歩く南と吉田くん

里親になりたい

僕は自分の子ども、いわゆる「血を分けた子ども」を欲しいと思ったことは記憶にある限りない。小学校の頃に自分は同性愛者だと気づいて、そして男女のセックスによって子どもができるということを知って、「あぁ、それだと僕は自分の子どもはムリだわ」と思ったことのほうがよく記憶に残っている。

そんなふうに思ってきたから、自分がゲイだと人に言う前から、「大人になったら結婚して子どもができるのが当たり前」「自分の子どもがいない人生なんて不幸」「親になってこそ一人前」という言葉が飛び交うときには、それはそれは過敏にイラッとなったり、「なんやねん」と反発したりした。

ただ、仕事の中で社会のいろんな家族の事情を知って「子どもを持ってこそ」というような言葉は、感情的にならずに受け容れられるようになった。「子どもを持ってこそ」わかることや、また成長できることもいっぱいあるだろう。子どもがいることをうらやましいなと思うこともある。

そして時代は進んでいて、僕にも「血を分けた子ども」を持つような話がくることがある。レズビアンの知人から、「精子提供してほしい」と言われたことが何回かあって驚いた。しかも、友人というほど親しくない人からも、「精子提供してほしい」と言われるのだ。

これまですべて断った。今の日本の枠組みでは、セックスをしない精子提供であっても、子どもとの間に血縁上の父子関係が認められれば、場合によっては法律上の父親となる。子どもと「父親」として関わることができるほどの女性に精子提供するのでなければ、断るよりほかかない。

僕は、女性が精子提供で自分の子どもを持つ選択を否定する気持ちはない。家族の日常が温かく愛情に満ちていればそれでいいと思う。その家族の中で育つ子どもが、愛されている実感を抱くことができる大人がいる家庭であれば、それがその子にとっての幸せな家庭なんじゃないかと思う。

家庭でその子に愛情を注ぐ大人が男性二人かもしれない、女性二人かもしれない、もしかしたら違う組み合わせかもしれない、でも、どんな組み合わせの家庭が「幸せな家庭」かなんて決まっているわけじゃないからだ。ただしどんな形でも、大前提として子どもの側からの幸せが第一だ。

そういう多様な形の家族については「いや、そんな家族の組み合わせの子どもは不幸だ」と言う人がいる。「こういう家族の組み合わせこそが子どもが幸せになる」という信念があって、そしてその信念を裏付ける自分自身の体験があるのだろう。

ただ、自分が信じる型枠を、女性同士や男性同士で子どもを育てている家族に向けて、シングルで子どもを育てている家族に向けて、親と子や兄弟姉妹の血のつながりが複雑な家族に向けて、「不幸だ」「かわいそうだ」と投げかけるのは、まるで呪いの言葉だ。そんなことを言うから、不幸でない家族でも、なんだか不幸な気分になる。

僕と吉田くんは、男同士の二人、本当に仲良く暮らしているのだけど、ここに子どもがいて一緒に生活するとしたら、それはそれで楽しい家庭になるような気がする。僕は自分の「血を分けた子ども」でなくてもいいけど、何か縁があって自分の家に子どもが来たら、迎え入れて大切に関わりたいなとは思う。

そのきっかけとなったのは、吉田くんが未成年後見人をしている19歳の子と、しばらく一緒に暮らしたことだ。仮にヒロシと呼ぶことにする。法律上、未成年後見人は「親代わり」ではあるけれど、弁護士など専門職の未成年後見人については、一緒に暮らすということはあまり想定されていない。

ただ、いろんな事情が重なる中で、ヒロシは8カ月ほどを、未成年後見人である吉田くんの家、つまり僕と吉田くんの家で一緒に暮らすことになった。8カ月間だけだったけど、自分が関わる子どもが家にいる環境は、僕にとって家族と社会のつながりを再認識させることだった。

マンションの餅つき大会に僕と吉田くんとヒロシの3人で参加したとき、「吉田くんと顔が似てるから、弟でも一緒に暮らすようになったのかと思ったわぁ」とマンションの顔なじみの人に言われた。「いやいや、こういう事情で、今、家にいるだけなんですよ」とか説明したら、「へーっ。そうなんやぁ」と、誰かが何か言うとかはなかった。そうか、別に子どもがいる家庭と社会の関わりって、必ずしも男女の結婚した夫婦がいて、そこでセックスして自然妊娠で子どもがいるという形に限られるわけじゃないと思った。

いろんな事情があって、今、うちに来て暮らしていている子がいる。それを近所の人が「ふうんそうなんだ」とだけ言ってくれて、一緒に餅つきができて楽しかった。ヒロシも、マンションの餅つき大会に参加できて本当に楽しそうだった。

里親という制度がある。映画の「思い出のマーニー」というのも里親の話だ。「バケモノの子」という映画も、里親のことを思い起こさせる内容だった。

里親というのは、「自分の子」ではない子を預かって家族として家庭で育てる制度だ。養子縁組にすることを予定する養子里親もあるけれど、その多くは養育里親という里親だ。

いろんな事情があって親の家で暮らすことができない子どもたちは、社会的養護といって、社会がその育みの場所を提供することになる。里親も社会的養護のひとつだけど、日本では児童養護施設や乳児院など施設での養育が社会的養護の中心となっている。

しかし、里親という家庭的な育みが、社会的養護の中心となるように変わっていくべきだと言われている。国連からも勧告が出ている。社会的養護の実務を担う都道府県や政令指定都市の児童相談所の多くが、里親登録する家庭を増やす取り組みをしている。

僕と吉田くんは、自分たちが子どもを家に迎え入れること、子どもと一緒に暮らすことを考えたときに、社会的養護を必要としている子どもたちに、里親として関わることは素晴らしいいんじゃないかと思った。里親というのは、悪い言い方をすれば「よその子」を預かるだけで、「自分の子」を育てるのとはまったく違うことだ。それは子どもにとっても実の親とは違うことだろう。

しかし、何かの巡り合わせで、僕と吉田くんの家で子ども時代を過ごすことができて、そして長い人生の中でその子どもの中で僕と吉田くんの家が「育った我が家」だという思いを抱くことができれば、それが僕にとってもすごく幸せなことだなと思った。

僕は吉田くんと二人で里親になれたらなと思う。

車が僕らの生活を変えた

吉田の回想⑨
ケンカや怒ること

ケンカというより、僕ばっかり怒ってるんやろなぁとは思う。

僕がワガママやから、僕の話を聞いてくれてないとほんまに腹が立って。ほっとかれるのがさびしいという気持ちもあるから、なま返事みたいなんされるとほんまに怒る。そいで僕は自分勝手やから、怒ったことも忘れる。しかも僕は自分のことも棚に上げるから、「前は違うことに怒った」と言われても、正直わからへん。僕はただその場で怒っているから怒っているだけやとわかってほしいなぁ。

南くんは、なんでも真に受けるからときどきたいへん。怒った内容にもいちいち「あぁ自分が悪かったから」「僕がなになにしなかったから」と考えるみたいで。怒るたびにドンヨリされたら、こっちもおちおち怒れないからなぁ。

だから僕は、最近は怒ったあと、南くんがドンヨリしたら、南くんの頭をナデナデして「もう怒ってないよ」というのをわざわざするのやけど、そんなしょうもないことでも、南くんはそれが嬉しいみたいで。南くんは、真面目でいい子やと思うけど、アホやなぁって。僕も怒らんようにせなとは思うけど、怒ってまうのも僕やからなぁ。

南くんの原稿の中に、僕の寝言のことが書いてあって、自分でも全然知らなかったし、初めて聞くから「へぇっ、人の名前まで寝言で言うんや」ってびっくりした。ほんまに恥ずかしいわ。寝言のこととか言われると、なんか心をのぞき見られたような気になる人もいるかもしれないけど、僕らは本当になんでも話しているから。秘密にしようとすることができたら気をつけないと……（笑）

南くんは、寝言はないけど、いびきは大きいよね。本人はいびきが大きいとか、いびきをかいていることすら自覚ないんじゃないかな。横で寝ていて、いびきが大きいときは、鼻つまんだら「コーッコッ」となって一瞬いびきが止まって面白い。そういうのを見ると、南くん、疲れているんやなぁと思う。南くんは自分では「仕事中毒」って言うけど、息を抜こうと思えば抜けるはずやのに、なんかうまいこと息を抜かせてあげたい。

南くんは、寝起きが悪い。寝起きっていうか寝覚めが悪いんかな。起きたまま夢の途中で、しゃべってくるから「何言ってるんやろ」とか思う。僕は高血圧なんか、スッキリ起きて、朝からお弁当の用意しながら朝食を作って、そいでできた頃に南くんを起こして。

お弁当も晩ご飯も、僕が作るけど、僕は南くんが食べたい物とか好きな物を考えて作るのがすごい楽しい。自分が食べるの好きやし、人に喜んでもらうのも好きやし。南くんは僕が作ったのをいつも「おいしい」「おいしい」って言ってくれるから、お弁当も晩ご飯も、ご飯を作るのはなんにも苦にならない。

吉田の回想⑩

車や家のこと

僕は、司法試験に合格して教習所に通うまで車の運転はまったくしたことがなかった。南くんは大学に入ってすぐに車の免許を取って、僕とつきあい出した頃には南くんだけが運転できた。

だから僕が南くんとつきあい出した頃は、南くんしか運転できなくて、旅行先でレンタカーを借りても、南くんがいっつも運転してくれた。そのときは、毎度毎度「わーい。運転してもらえる。るんるん」みたいな気分で、人の運転の上手下手もわからないから、「かっこいい!」とか助手席で思っていたのだけど、今の生活で二人とも運転するようになって、どれだけ南くんの運転が「上手ではないか」を思い知って……。「下手」とか「危険」ってことはないねんけど、判断するのが遅いとか、周りの状況を把握していないとか。

ただなぜか、もらい事故ばかりだが、僕のほうが事故は多い。

子どものとき、家に車があるような暮らしではなかったし、車で出かけるという選択肢ができて、僕と南くんの生活は明らかに変わった。やっぱり二人だけだと休みの日の予定とかマンネリになるし、どこか出かけるのも電車はしんどいとかなってくるけど、車があったら二人で過ごす休みの日の過ごし方にいろんな形ができた。お墓参りとか、ホームセンターで大きな買い物とか、奈良県や和歌山県の日帰りのできる温泉とか。あと、郊外の住宅展示場やモデルハウス。

別に、今住んでいるところから引越すとかではなくても、南くんが住宅関係で働いていたから、今でも家が好きで、南くんがそのときどきの自分の中の流行やブームで、行きたい地域の行きたいモデルハウスなんかがあって。「どっかドライブ行く？」とか言うと、南くんが「なんとか市のなんとかからへん……」とか本人はさりげないつもりで誘導してきて、どうやらそこが今のブームらしいと。僕は、家とかまったく興味がなかったから、南くんに連れられてそういうのを見に行くようになって「そういう休みの過ごし方もあるんや」って。

僕と南くんは、これからもずっと二人なのかなぁって思うけど、なんかほんま40歳が近づいて「あぁ、僕らって大阪のオッサンとおばちゃんなんやわ」とは思う。別に女役とかいう意味ではなくて、南くんは「大阪のおばちゃんやなぁ」ってつくづく思うし、僕も大阪のややこしいオッサンみたいなところあるんやろうなって。

で、南くんは、やっぱり「大阪のおばちゃん」。無声音、ヒソヒソ声でようしゃべらへんし、自分で勝手に思い出話をして泣き出すとか、もうどこの芝居やねんみたいな。年取ったから「大阪のおばちゃん」になったのかなと思っていたけど、振り返ったらつきあったときから同じで。

すごい覚えてるのは、つきあい出してすぐ、ほんまに何週間も経ってない頃、南くんがまだ大学院生の頃なんやけど、スーパーマーケットのお総菜売り場で、夕方、お弁当を買って、下宿に帰る前にほかの売場なんかも見て、さぁ帰ろうとお弁当売場の前に来たら、買った時間より過ぎてたから割引のシールが同じお弁当に貼られていた。そこで南くんは「えーっ、そんなん！さっき買うたのに」と言うて、お店の人に、お金の割引分を返してもらったことがあった。僕はその現場にいなくて、あとで南くんから「ええことしたやろ」くらいの感じで話を聞かされて、ひっくり返りそうになった。

ほかにもユニバーサルスタジオジャパンに二人で行ったとき、長蛇の列で、二人で並んでいても話題もなくなってきて疲れたなぁいうときに、南くんがおもむろに、「今日の新聞の投書欄に、旦那さんを亡くした女の人の投稿が載っていて……それが……で……その人は、死んだ旦那さんに語りかけながら……やねんて……」と話し出したかと思うと、そのまま号泣して。そりゃええ話かもしれへんけど、ここで泣かんでも。

なんか僕らは結局なんやかんや言いながら、こんな感じで、ドタバタ二人でやっていくのかな。

第5章
家族であること

親不孝と呼ばれようが
冷ややか目で見られようが、
僕たちにはあたたかな家族がいる。

［写真］南と吉田くんと南の母

親不孝と呼ばれて

「親不孝」というのは、なかなかひどい言葉だ。でも言われたことがある。

とある地域の人権学習サークルからLGBTの人権について話をしにきてくださいと言われて、温かい雰囲気の中で楽しく話をした。最後の質疑応答で、ずっと前で聞いていた60代くらいの男性が手を挙げて言った。

「アナタは、自分の親不孝をこんなふうに話してどう思うんだ！」

その日初めて会った人に「親不孝」と言われた。びっくりした。

「親不孝はしてません！」と言い返しそうになったがぐっとこらえた。

なぜ、今日初めて会った知らない人に、そんなこと言われなければならないのか。

その人にとって、「同性愛者だ」と自分を宣伝して、「同性婚をしています」と本まで出した僕は「親を不幸にする」存在なのだろう。あぁ、この人の子どもでなくて良かった。

結局、親不孝かどうかというのは、子どもがどうかではなく、親がどう思うか、自分が「思っていたのと違う」子どもをどう捉えるかではないだろうか。「同性愛者なんておかしい」「同性愛者だと家族はみんな不幸だ」と思い込んでいる以上、同性愛者が自分の子どもだったら、その人にとってそれは親を不幸にすることなんだろう。子どものことを肯定して「どんな人生でも素晴らしい」と言うことはそんなに難しいのだろうか。

「アナタは人類最大の義務である子孫繁栄を放棄している。社会的責任をどう思うのか。明日から異性愛になろうと思わないのか」と言われたこともある。それも公民館の人権学習会だった。その人は「同性愛者は人類の義務を放棄している」「責任を果たさずエラそうなことを言うな」と思って、正義感から言ったのだろう。「自分は同性愛者だと大きな声で宣伝している人には何を言ってもいい」と思ったのかもしれない。
しかしそれは、自分の型枠の中に目の前の相手を無理矢理押し込めようとしていることだと気づいてほしい。自分以外の人は、自分とは違う人生を歩いているということを知ってほしい。その人は僕が自分と同じ「男」だから「自分と違う」のがおかしいと思ったのだろうか。それとも僕が同じ「日本人」だからだろうか。

自分と違う人を肯定することはそんなに難しいことなのか。自分がつくってきた自分の人生の型枠にまったく入らない人を見たときに、「あぁ、そりゃそうだ。この型枠は俺の人生の型枠でしかないもんな」と認めることはそんなにしんどいことなのか。
その人の言う「子孫繁栄は人類の義務」という型枠は、ほかの多くの人もよく似た型枠を持っているから、自分の持っている型枠だけしか世の中にないと思ってしまうのだろう。

「同性愛は親不孝だ」にせよ「人類の義務を果たしていない社会的責任」にせよ、どちらも60代くらいの男性から言われた。目の前に現れた自分とは違う人生を「不幸せだ」「間違っている」と怒鳴りつけないと、自分の人生を「幸せだ」と確認できないのであれば残念だ。僕はその人たちの人生も素晴らしいと思うのに。

もっとも、そういうことを言われた瞬間は、その人の人生の幸せを思いやるような心の余裕はなく、強いショック状態だ。「もしかしたら自分はやっぱり親不孝なのか」「自分は社会で生きる意味はないのか」という声がワンワンと聞こえてきて、「あぁ、今、僕は差別を受けているのだ」という文字が頭の中をふわっとまわる。

「差別は人を傷つけるから絶対にダメだ」と子どもの頃からいろんなところで教わる。そのことを自分が差別されて傷ついたとき思い知った。

イラッとしてもお母さんありがとう

父が亡くなるまで母は専業主婦だった。父の事務所の手伝いもしていたけれど、主に家事をしていた。そんな母だったが、父を急に亡くした後は、朝早くからパートタイムの仕事を掛け持ちでするようになった。病院を経営する母の友人が「うちにきて働いたら」とも言ってくれたのに、母は自分で見つけたパートの仕事をした。

そして年金が支給される年になった頃、母はパートを辞めて友人が立ち上げたNPO法人の事務を手伝うことになった。母に事務ができるのかと心配していたが、いつの間にか母はワードやエクセルなんかを使って、会議の資料を作ったり役所に出す書類を整えたりできるようになっていた。なかなかやるじゃないかと思った。

母も「今、NPO法人ではこんな案件があって……」「私はこういう役割で……」とよく話していたので、僕も吉田くんも母を敏腕事務員だと思い、2013年に二人で事務所を立ち上げるにあたり、母に事務員として手伝ってほしいとお願いした。

ところがどっこいだった。母はやっぱり母だった。

「もしもし？もしもし。はい。弁護士ですか？どっちの？吉田？南？私？私はタダの事務員です」

コントみたいだった。コントだったら面白いけど、僕も吉田くんも、事務所を立ち上げて緊張していた。

何度かの怒鳴り合いの末、母は「お世話になりました。事務所の立ち上げで一緒に仕事ができて、楽しかったです。これからも二人でがんばってください」という書き置きをある日残して、帰って行った……。

が、今も母は一緒に働いている。さすがに母一人ではしんどくて、あと二人の事務員さんが一緒に仕事をしてくれて、母とも本当に仲良くやってくれる。吉田くんも母に優しい。

僕だけが母にいつもケンカ腰だ。だって母は事務所でも母だから。僕が裁判所から帰ってきて、さぁ次の仕事のことを考えようとデスクに座ったら、隣に来て言う。

「ねぇ。今度、お兄ちゃんの家に遊びに行くとき、あんたに車で迎えに来てもらうとしたら」とか……ちょっと待って！　今、仕事してるねん。家に帰ってきたんとちゃうねん。イラッとする。本当にイラッとする。母が仕事しながら煎餅をバリッと食べる音にすらイラッとするほどだ。

でも……「お母さんを酷使しすぎとちゃうか。もっと大事にしぃや」と先輩の弁護士に言われた。その先輩は、僕が事務員をしていた事務所の勤務弁護士だった人で、若い頃の父と風貌も似ている。母もすごく大好きな先生だ。その先輩は、夏の暑い日、裁判所を目指して書類の入った鞄を前かごに積んで、自転車を一生懸命こいでいる母を見て、「もっとお母さんを大事にしぃや」と僕に言わなきゃいけないと思ったそうだ。そういえばザンザンに雨が降っている中でも、母はレインコートを着て、自転車をこいで、裁判所やほかの弁護士事務所へのお遣いをしてくれた。

「ええんよ。私はものを運ぶくらいしかできないから」

母はそう言うが、ワードもエクセルもできる。母は年末に、僕が成年後見をしている身寄りのないお年寄りの家に自分が作ったおせち料理を届けてくれた。母だからちょっと夜遅い来客でも「お茶を出してもらわないといけないから居残って」と気軽に言える。

僕は、「ここは仕事場やねん。家とちゃうねん！」と母に怒鳴るけれど、僕の方こそ、事務所でも母を求めているのかもしれない。僕は仕事の顔と思って母に厳しくしているつもりだったけど、それは実はまったく逆で、母だから甘えていられるのか。

吉田くんはそんな僕を見ていつも、「いくつになっても、オッパイちゅぱちゅぱやな」とからかう。そうか、僕は甘えられる母がいるのだ。そして、母は甘えさせてくれているのだ。もう70歳も過ぎているのに。イラッとするのは真実。だけど、イラッとするのは甘えているから。そうか「お母さん、ありがとう」なのだ。

「あなたは親不孝」というオジサンの逆転勝ちかもしれない。

母の子どもの頃の話

母の旧姓は「湯木」という。母の母、つまり祖母は、料亭の吉兆の創業者の湯木貞一さんと従兄妹の関係だったとか。湯木の一族はもともと広島出身で、料理屋をしていた家は大阪の吉兆の家のほか、九州にも、そして祖母の家も戦前までは大阪の堺で「丸千」という料理屋をしていたそうだ。

丸千は、最初は牡蠣舟の料亭だったが、それが繁盛したので、建屋での鰻料亭となった。戦前の堺は、規模の大きな経済力のある都市で、丸千は贔屓にしてくれる社長さんやお医者さんといった名士もあり繁盛していたそうだ。ところが、その丸千も、戦争の中で、国に土地が摂取されることになり、一家は料亭をたたんで、大阪府の南部の泉州地域に疎開し、移り住んだ。

祖母の夫、つまり祖父の芳三郎は、東京出身で婿養子として、丸千の湯木の家に入った。芳三郎は東京の札差しの子で、関東大震災のときは銀座の写真館でカメラマン助手をしていたと聞く。関東大震災のとき、町に火の手が上がり、手近な荷物を風呂敷で背中にくくって弟と二人、隅田川に飛び込んで逃げた話を子どもの僕によく聞かせてくれた。

今から思えば、大正時代に銀座の写真館でカメラマンをしていたなんていうのは、都会文化の最先端の極みだ。それが堺の料理屋の婿養子に入っても落ち着かない。料亭は祖母とその母親が切り盛りしていたから、芳三郎は満州鉄道に就職し、戦中を満州で過ごすことになる。

母が生まれたのは、堺の料亭を疎開のためにたたむ少し前、1944年、昭和19年の3月11日だった。母の一家は、終戦後も堺に戻ることなく、疎開先の泉州地域でそのまま暮らした。

疎開先の泉州地域は、繊維の町工場と農業が中心の地域で、疎開してきた一家に仕事はすぐになく、芳三郎は親戚の縁で吉兆で働かせてもらっていたそうだ。

母も当時の自分のことを「貧乏人のお姫様」だという。着の身着のままで疎開してきて、掘っ立て小屋のような家で暮らしているのに、もとは料亭だったとか、芳三郎は吉兆に働きに行くとか、家庭の経済事情と家庭の文化がちぐはぐだった。母の子どもの頃の写真を見ると、戦後の風景として教科書で見るような貧しい家庭生活の写真もある一方で、三越デパートで買ってもらった白いブラウスを着て写真館で撮ってもらった写真も混ざっている。

母ら子どもが夏休みに吉兆に遊びに行くと、おやつとして子ども一人につき、メロン半玉を食べさせてもらったそうだ。いずれにせよ生活感と文化がちぐはぐだ。

しかし芳三郎は、結局、吉兆も辞めてしまい、その後は、堺に本社のあるタマノイ酢で働く。しかしそこも上司と喧嘩をして辞めて、最後は仕出しの寿司屋を自宅に構え、落ち着くことになる。

その芳三郎も、僕が小学校の高学年の頃には入院し、僕が中学校のときに亡くなった。たしかに自由で面白い人だった。年寄りなのにミッキーマウスの絵が描けることが子どもの僕にとって衝撃だった。広告の裏紙なんかに、サラサラッと、鉛筆でデッサン風にミッキーマウスの絵を描いて「かずくん、勉強がんばってね」などとふきだしにセリフを入れてくれた。

そして、母だ。僕は母を見ていて思うことがいっぱいある。理想を大きく語るわりには、自分から行動はしないちぐはぐ。大人になって気づく母のちぐはぐさに僕は時おり苛立ち、しかし時おり母の「子どもっぽさ」を感じて優しい気持ちになる。

父は絶対に受け入れてくれた

父が死んだのは、僕が22歳のときだ。僕の中で父のことはしっかり記憶にある。人には誰でも親がいて、それぞれいろんな事情で死に別れたり、生き別れたり。あるいは別れていないからこそ葛藤や苦悩があったり。

父のことで思い出すことを書いてみようと思う。

父は急に死んだ。「あぁ、もう、無責任に死んで！」と腹が立つこともあれば、「あぁ、今もお父さんがややこしい年寄りとして生きていたら面倒くさかったろうな」と胸をなで下ろすこともある。「お父さんがいたら見せてあげられるのにな」「お父さんに話したかったたな」と思うことはいっぱいある。

特に法律の勉強を始めてから、また弁護士になってから「お父さん実はさぁ」と言いたくなることは多い。しかしそれはかなわない。

父は子どものことが大好きだった。子どもの日常のこと、どこで何をしているか、習い事でどんなことをしているか、学校でどんな先生や同級生がいるか、よく把握していた。

僕が小学校3年生のとき、御巣鷹山の日航機墜落事故があった。隣のクラスの担任の先生が乗客としてその事故で命を落とした。家族の中で、僕の隣のクラスの担任の先生が、事故の乗客にいると最初に気付いたのは父だった。

テレビの報道番組で、ずーっと流れてくる乗客名簿の中に、隣のクラスの担任の先生の名前を、父が「もしかして——」と見つけた。父はそんな人だった。

僕も兄も、家に帰って母親や父親に学校のことや習い事のこと、入っていた合唱団のことなんかをいつも話していた。父はその話に登場する人間関係をよく理解していた。子どもがピーチクパーチクと、あの人がどうしたこうした、この人がどうしたこうしたと言うのを「めんどうくさい」「よくわからない」と、父は決して言わなかった。

父の仕事は弁護士だった。父は僕に「弁護士になれ」とはついに一度も言わなかった。ただ父が子どもに「弁護士になってほしい」と思っているのはヒシヒシと伝わってきた。もっとも「弁護士の仕事が安定しているぞ」とか「弁護士の仕事だと将来が安泰だ」とか言われたことは一度もなかった。

父は弁護士として商売はまったく上手じゃなかったからだ。

父が「息子よ、弁護士になって一緒に仕事をしよう」というのは、それは「一緒に沈没しよう」と同義というほどの台所事情だった。

ただ、父は、一般的な親の気持ちとして、「同じ仕事を目指してくれたら嬉しいな」という感じで、僕が小さい頃から家でよく弁護士の仕事の話をしてくれた。

「例えばこういうケースがあったとする。近所に暮らしているAさんとBさんが、こういう事情でモメていたとして、どっちの言い分が通るだろうか」みたいなことを、子ども相手によく聞いてきた。で、僕は、素直に「こう思う」「あぁ思う」と答えていたのだけど、父はだいたいの場合、「うん。そうやね。キミは筋がいい。弁護士に向いている」なんて言った。

父なりに弁護士になりたくなるように水を向けていたのだろう。しかし残念ながら僕は父が生きているうちには弁護士を目指すことはまったくなく、大学は理系の学部に進学した。

その後、弁護士を目指して司法試験の勉強をして、そして実際に自分も弁護士になってから、「あぁー、お父さんに話したいなぁ」と思うことはいっぱいあった。あと、吉田くんのことも紹介したかった。父は、僕が吉田くんと結婚することも反対はしなかったと思う。僕が同性愛者だということを知ったとしてもそんなに驚かなかっただろう。否定もしなかったと思う。

「父は絶対に受け容れてくれた」と自信を持って思う。

僕が大学生になったあたりから父がやたらと同じことを言うようになった。「僕はキミが、将来どんな人生を歩むと言っても、絶対に反対も否定もしない。必ず応援する。ただしお金は出せない」。呆けたように、そればっかり言っていた。

「それなら僕が明日からロックミュージシャンになるとか言って、家を飛び出しても応援するの？」と僕が聞いたら、「もちろん、応援するよ。お金はないけど」というふうだった。

だから僕は吉田くんのこと、「吉田くんと交際している」とか「吉田くんと結婚する」とかではなく、もっと吉田くんの中身を父に話したかった。

吉田くんは、法学部の大学院の研究者コースに無試験で進学ができるくらい優秀なんだよとか、司法試験が８番で合格したんだよとか、吉田くんはこういう法律問題をこういうふうに解決したんだよとか、そういうことを父に話したかった。

吉田くんが「すごい人だ」っていうことを、弁護士をしている父となら共有できると思った。吉田くんを父に会わせられなかったのはとても残念だ。

しかし、吉田くんも父も気難しい。吉田くんの気難しさに、「ああ、僕はお父さんと似た人と結婚したなぁ」って、プリンセスプリンセスの名曲『パパ』みたいなことを考える。

南の子供時代。兄と父との写真。真ん中が筆者

吉田くんとお祖母さん

僕と吉田くんが出会った2000年、吉田くんにはもうすでに両親がいなかった。今は38歳だから、両親が亡くなっているといっても、そこまで珍しい年代ではない。しかし僕と出会ったとき、吉田くんはまだ22歳で、両親はおらず、家ではお兄さんと二人暮らしだった。そして、隣の家にはお祖母さんが一人で住んでいた。大正8年生まれのお祖母さんはそのとき81歳だった。年金やらいろいろやりくりして、お祖母さんは生活していたけど、二つの家の敷地は借地で、地代は吉田くんのお兄さんが全額払っていた。

吉田くんのお祖母さんは自分である程度の家事ができていたが、一人で出かけるのはおぼつかなくて、夕方のスーパーへの買い物は、吉田くんがお祖母さんと一緒に行っていた。吉田くんが一人で行って、お祖母さんの分を買ってきても良かったのかもしれないが、吉田くんは、ゆっくりゆっくりお祖母さんに歩速を合わせて並んでスーパーに行っていた。

お祖母さんは、もう一人ではいろんなことができなくなっていた。しかし、お祖母さんは、なんとか隣に暮らす孫二人に、とくに弟の吉田くんに、不自由をさせたくないと心配し愛情を傾けていた。それがよく伝わった。

しかし、もうすっかり年寄りだったので、お祖母さんの吉田くんに傾ける愛情は、口うるさい言葉や、かえって心配をかけるような形になってしまっていた。

吉田くんが破れたデザインのジーンズを履いていたら「繕うから」などと言ってしまうお祖母さん。吉田くんの家のトイレが汚れていたからと、身体を折るようにして掃除をしてかえって体調を崩すお祖母さん。その都度、吉田くんは「よけいなことをして！」とお祖母さんに怒ってしまい、怒ってしまった自分に落ち込んでいた。そうこうするうち、どんどんどんどんお祖母さんは弱っていき、介護保険を使ってヘルパーさんに日常の家事をお願いしなきゃいけなくなり、最後は老人ホームに入った。

そんなこんなの手続きや段取りは、全部、吉田くんがした。そのときどき、吉田くんは、司法試験の勉強をしていたり、弁護士になったばかりで仕事にも苦しんでいたり。お祖母さんの介護保険の手続き、医療の手続き、老人ホームの手続き、区役所や病院や施設と吉田くんはかけまわっていた。

思えば、僕は本当に冷たかったと思う。

もっと何かすれば良かった。それは単に吉田くんの〝連れ合い〟という立場でというだけでなく、社会の一員として。目の前で、困っている人がいて、ハッとした気持ちになるのに、吉田くんがその世話を一身に引き受けている人がいるのを見て「吉田くんがいるから大丈夫」と思ってしまった。

吉田くんは、ボロボロになりながら頑張っていたのに。お祖母さんの介護も、他の親族も遠く、お兄さんも仕事が忙しく、吉田くんだけが当たり前のように引き受けていた。それでも吉田くんは優しかった。お祖母さんに本当に優しかった。老人ホームに入ってからも桜の季節に、車に車椅子を乗せて、お祖母さんを桜のきれいな公園に連れて行った。そのあと、デパートで一緒にご飯を食べた。

お祖母さんが、老人ホームでメガネを入れたり、ハンカチを入れたりする巾着袋が欲しいと言ったとき、吉田くんは、休みの日を一日使って、近所の商店街までおばあさんを車椅子で連れて行って一緒に買い物をしていた。

その頃というのは、吉田くんが弁護士になって、それまでの疲れがドッと出て、バタンと倒れて仕事を休んでいた時期でもあった。それでも、お祖母さんにだけは不自由させたくないと吉田くんは思っていた。桜を見に行くとき、買い物に行くとき、僕も一緒に行った。けれど、僕は心のどこかで「もう早く帰りたいな」と思っていた。お祖母さんにとってはその瞬間しかないというのに。

吉田くんは、こんな調子で、20歳の頃には、お父さんも看取っている。吉田くんはお父さんが50歳のときに生まれた子だから、寿命としてはそんなに早いとかではなかった。けれど、20歳の吉田くんが病院に泊まり込んで、お父さんの最後を看取るのは大変だったろう。吉田くんはそれでも、心残りがいっぱいあったという。だからお祖母さんにはできる限りをしたのだろう。

吉田くんのお母さんは吉田くんが中学1年生のときに亡くなった。家でずっと伏せっていた。ガンだったらしい。最後は、病院に入院したけれど、もうあっという間に亡くなったそうだ。病室で、壁に血が飛ぶくらいの吐血もしたという。吉田くんは、家でお母さんが伏せっている間、「病気で寝ているだけだから、いつか良くなる」と無邪気に思っていたそうだ。中学校のＰＴＡ副会長もしていたお母さん。

だから、病院に入院するというときも、「元気になって帰ってくるために病院に入る」という思いだったそうだ。ところが、公文の教室で勉強していると、お兄ちゃんが「病院に行くよ」と呼びに来て、病院に行くと「子どもは見ないほうがいい」と言われ、そして次に会ったときは亡くなっていた。

中学校1年生のときに亡くなったお母さん。そのときなにもできなかった気持ちが、大学生の吉田くんに一身でのお父さんの看取りをさせたのかもしれない。そしてそのお父さんの看取りでの後悔が、大人になってからのお祖母さんの介護に尽くさせたのかもしれない。

吉田くんと
お母さん

吉田くんとお祖母さん

しんどくなった吉田くん

僕とつきあい始めたとき、吉田くんは、京都大学法学部の大学院生だった。それは研究者コースで、「進学したい」と言えば誰でも進学できるようなものではなかった。

しかし吉田くんは、学部での成績がほとんど「優」だったので試験を受けなくて大学院の研究者コースに進学できた。大学院から「来てください」と言われる立場である。たいしたものだ。

が、吉田くんはそこでまずしんどくなった。何せ京都大学の法学部の大学院だ。群雄割拠である。政府の諮問機関の委員なんかもするような偉い先生がいっぱいいる中で、ゼミの発表などが回ってくるそうだ。「私はこの本を読んでこう思いました」では済まないゼミである。

しっかり勉強して、「これはこうで、こうでこうで、こうなってこうなって、こうだから私はこう思うと」と論理だって説明するゼミだ。そこで吉田くんはしんどくなってしまった。

とある有名な先生のゼミの前日、京都の僕の下宿に泊まった吉田くんは夜中に泣き出した。「明日のゼミがこわい」「しんどい」「いきたくない」となって、「背中が痛い」と言って、ずっと泣いていた。僕はそういう「しんどくなる人」を目の当たりにするのも初めてだったから、ちょっとびっくりした。

夜中なのに、臨床心理学をやっている友人に電話をして「こういう人が目の前にいるのだけれど、本当に心がしんどくて身体が痛くなるような現象はあるのか」と聞いてしまったほどだった。

とはいえ、夜中じゅう、背中をさすっていて、それでも寝られず、吉田くんは翌日の大学院のゼミは結局休んだ。そして、そのまま雪崩のように、大学院には行かなくなって、休学した。

が、休学したら不思議なことに、しんどいのは落ち着く。それは不思議でも何でもなくて、ストレスがなくなったからなんだけれど。ただ、そんな調子だから、吉田くんとしては、もはや大学院に戻っても同じことの繰り返しだろうと、それで僕と一緒に弁護士になるための司法試験の勉強を始めることになった。

そして二人で法科大学院（ロースクール）に入ったのだが、そこでまた大きなしんどいときがやってくる。とある授業で持ち回りで、教科書の一つひとつのテーマについて、簡単なレポートをまとめて読み上げるという内容の授業だった。

ところが、吉田くんはもうそこで止まってしまった。行き詰まってしまった。毎晩、「できない」「わからない」「書けない」という電話が鳴るようになった。僕は心配はしたのだけれど、そこで「一緒にしよう」とか「代わりにやってあげる」とか、言えばよかったのにできなかった。吉田くんは、なんとかゼミの発表はできたけれど、法科大学院はその後、休みがちになった。

吉田くんはまた、司法修習生になったときもドーンとなった。司法試験を全国8番で合格して、みんなから「すごいね！」と言われまくっても、しんどくなってしまうときはしんどくなってしまう。そのとき僕は、司法試験に不合格で、一人で勉強しなきゃいけないところだった。もしかしたら、吉田くんにとって、「南くんが不合格だ」

というのがプレッシャーだったのかもしれない。とにかく、司法修習生になった吉田くんは、司法修習をこのまま落第にならないかというくらいの欠席日数だった。吉田くんは、息も絶え絶えでなんとか弁護士としての就職先を見つけ司法修習を終えることができた。

吉田くんは弁護士になっても仕事は休みがちで、この頃僕はすごいつらかった。自分がせめて男女の恋人同士のように表向きに言える関係だったら、たとえば吉田くんがしんどいときに、「恋人です」とか言って、それをサポートできたのに。自分の勉強も不安だったけど、吉田くんの将来も心配だった。

だからこそ僕は、吉田くんを支えるために勉強を頑張ろうと思った。それまでは、僕はどこかで吉田くんにぶらさがって「なんとなーく勉強している」だけの気持ちがあった。自分がしっかり勉強しないと、そして吉田くんがしんどくても支えるようにならないとと強く思った。

それは僕の死んだ父の影響だった。父は吉田くん以上に、時折しんどくなる人だった。でも僕ら家族は、父を仕事で支えることができなかった。

しんどくなって「休みたい」という父には、休んでもらうしかなくて。そんなとき、母が「私が何か資格でもあって、お父さんの仕事を支えられたらな」と言っていたこと、それで家全体になにかドンヨリした悲しい気持ちがたちこめたことを思い出す。父も「しんどいから休む」と言ったものの、安心して休めていなかったのかもしれない……。

僕は、吉田くんがロースクール、司法修習、そして弁護士になってから、しんどくなって休むごとに、自分自身の家族の情景を思い浮かべた。そして、今度こそ「僕も弁護士だから大丈夫。安心して休んで。仕事は代わりにするから」と言わないと、と思った。

吉田くんが司法試験に先に合格して、順風満帆に大手の法律事務所に就職したり、たとえば裁判官なんかになったりしたら、もしかしたら僕は「僕のほうの勉強はやめるわ」と言っていたかもしれない。でも、今から思うと、それは僕自身の逃げ道で、やっぱりそこで僕が「自分が頑張る」と思うことができたのも、吉田くんが順風満帆でなかったからだ。

どんな人にとっても自分の育ってきた家族のことや家族の情景というのは、こんなにも大人になってからも人生に影響を与えるのだろうか。僕が過剰に父、母といった家族のことを気にしすぎなのだろうか。

僕がそんなことばっかり「あーでもないこーでもない」言っていると、吉田くんは「もう、そんな難しいことばっかりほんま好きやなぁ。そんなことより、もっとバリバリ働いて、次に僕がしんどくなったときも、安心して仕事休めるようにしてよー」と軽口をたたく。吉田くんと僕は、今、一緒に仕事をしていて、事務所の中でも役割分担もあって、僕が苦手なことは吉田くんがするし、吉田くんが苦手なことは僕がするし、不思議なことにそれぞれの苦手なことは相手の得意なことだったりもする。

今でも、吉田くんがいちばんしんどくなった司法修習生の時期、そして僕が司法試験に合格するかどうかもよくわからなかったときのことをふと思い出す。そして、その頃に比べたら手探りで二人でなんとか、元気に仕事を一緒にできるようにまでなれて良かったと本当に思う。

朝に出かけても、昼過ぎに「やっぱりしんどくなった」と帰ってきて、家でくーくーと寝ている吉田くんを見て、「どうしてこんなふうにしんどくなるのだろう」「なにが悪いのだろう」「どうすれば元気になるのだろう」そんなことばっかり考えていた日々を思い出す。

原因を見つけてもどうなるわけでもないのに、そのときはもう、原因が見つかれば何か納得できると僕は思った。お父さんの看取りを一人で背負って先が見えないまま病院で一人寝泊まりしていたからしんどくなったのだろうか。中学1年生のときに大好きだったお母さんが病気で命を奪われて「誰にも甘えないでがんばらなきゃ」と思ったときからしんどくなるのは始まっていたのだろうか。

狭い四角い部屋で吉田くんの寝息を聞きながら、司法試験の問題集を小さな机の上に広げて、真っ暗なような、いやそれでも二人で一緒にいられるから幸せだよと思うような。そのあと僕が司法試験に合格して、吉田くんも仕事ができるようになって、そこからとんとん拍子だった？　いや、全然とんとん拍子でもなくて、今もうまくい

かないことも多い。だけど、僕は思う

「吉田くんのお父さん、お母さん、心配しないで。吉田くんは今、こうやって僕となんとかかんとかやってますよ」

僕は多趣味なようにも思うのだけど、心がホッとして、一人でリラックスするのは音楽をしているとき。3歳のときから親がピアノを習わせてくれて、小学校から高校まで合唱団に通っていたおかげで、自分で曲を作ったり歌詞を書いたりすることが好きで、ときどきライブもする。歌はとてもへたくそなんだけど、音楽ができて本当に良かったと思う。

2014年に僕が作った曲で「Pictures and Memories」という歌がある。その歌詞は吉田くんのこと、吉田くんのお父さんとお母さんのことを思って作った。

Pictures and Meories

作詞・作曲：みなみかずゆき

駅から歩いていく帰り道　公園抜けたら灯りが見える
いつもと同じ　いつも新しい　早くドアを開けて会いたい

記念日　忘れてる僕なのに　プレゼント必ず用意して
あきれながらもテーブルの上には　僕の好きな物ばかり
「おいしい」「ありがとう」 明日は二人で買い物に行こう

たくさんの大好きよりも　ずっと一緒にいられるほうがいいね
ケンカしてても　ふくれていても　帰る場所はここしかないから
思い出を詰めたカバンは　二人で持つには少し重くて
だけどまだまだ道は続いてく　荷物もどんどん増えていく

結婚式のスライド写真　得意な顔した三輪車
つぶらな瞳　ぷくっとしたほっぺ　ちっとも変わらないね
優しさがにじんで　すり切れ色があせた写真の

愛された遠い記憶は　大人になっても消えないよ
会うことのないパパとママにも　「ありがとう」「これから見守ってね」
胸に空いた不安の穴は　僕のカラ元気で埋めてあげるから
手をつないだら飛び越えられる　そんなもんだよ　信じてついてきてね

たくさんの大好きよりも　ずっと一緒にいられるほうがいいね
ケンカしてても　ふくれていても　帰る場所はここしかないから
思い出を詰めたカバンは　二人で持つには少し重くて
だけどまだまだ道は続いてく　果てない未来へ

吉田の回想⑪

お母さんに仕事をしてもらうにあたって

南くんのお母さんに事務所を手伝ってもらおうって言い出したのは、南くんやなくて僕のほうで。事務所を二人で立ち上げるってなったのはつきあってもう13年目くらいやったし、それまでの南くんのお母さんと家族の様子を見ていたら、「南くん、お母さんと一緒に働きたいんじゃないかな」と思って。

僕が「お母さんに事務所、手伝ってもらったらどうやろか?」と言ったら、南くんはそれこそ目を輝かせて「ええの?」とか言って。南くんは30歳過ぎててもお母さんに甘えたさんなんやなぁってほんまに思う。甘えたさんなだけじゃなくて、お父さんも弁護士やったし、お母さんに弁護士になった仕事の姿を見せたいんやなぁって。

お母さんが事務所で手伝ってくれるのは、単純に助かってます。弁護士事務所って、役所に書類を取りに行くとか、裁判所に書類を出しに行くとか、よその弁護士事務所に書類をもらいに行くとか、細かいお遣いが多くて、すごい雨の日も、暑い日も、お母さんが自転車で出かけて手伝ってくれるのは、申し訳ない気持ちがするくらい。でも、ほんまに助かってる。

ただ、やっぱり南くんとお母さんは、親子やから、事務所の中でもすぐに親子ゲンカになって。お客さんがいてる会議室に聞こえるような親子ゲンカをしてるときもあるから、僕も会議室を出て「親子ゲンカをこんなところでしないでください！」とか怒るのだけど。でも、僕と南くんも事務所で夫夫ゲンカみたいなのしているときもあるし。とばっちりは、他の事務員さんたちかもしれない。

こんな家族経営で事務所ができているのは、ありがたいことです。

南くんは、ほんと、お父さんの話をよくする。お父さんが弁護士だったから、南くんも僕に「一緒に弁護士を目指そう」と言ったのだろうと思うし。つきあい出した頃、南くんは「毎日、お父さんのことを思い出す」「お父さんのことを思い出さない日はない」「心の中で、いつもお父さんに話しかけている」と言ってた。そいで、ある日「あぁ、今日はお父さんのこと、いっこも考えなかった」って。

僕もお父さんが亡くなったのは南くんと同じような時期なんだけど。僕は、お父さんの最後が本当にしんどかったから、むしろ、しんどすぎて、ちょっと忘れたいような、記憶がむしろあんまりないところもあって。僕が大学4年生のときに、お父さんが癌で、僕もしんどいなと思いながら、病院に何カ月も泊まり込んで。ただ病院に泊まり込んで付きっきりでも、結局やりきれないこともあったし、食べたいものも食べさせてあげられなかった。お父さんが死んだあと、すごく後悔が残った。何年も後悔が残った。

病院で苦しんでいるお父さんに好きな物を食べさせてあげられなかったから、僕も好きな物を食べないでおこうと思って、お父さんが死んでしばらくは僕も大好きなアイスクリームを食べないようにした。アイスクリーム絶ちをした。でも南くんと出会って、つきあうようになって、静岡の伊豆に初めての二人での旅行に行って、そのときにアイスクリームをようやく食べることができて。

中学1年生のときにお母さんが死んだことは大きかったと思う。

僕自身の記憶としては、小さくて何も知らなくて、とにかく悲しかっただけなんだけど。お葬式とか気持ちいいくらいワンワン泣いていて。でも意識はしてなかったのに、そこから「自分はちゃんとしないと」と思いすぎて、完璧主義者みたいになって気が張ったようになって。

公立の中学校の中学1年生なのに、テストで100点じゃなきゃ嫌だと、98点でも満足できないみたいになって、資料集の片隅まで全部読んで、知らないとかできないとかがこわくなって。お母さんが亡くなったあと、途端にそういうふうになって。

今でも、「できない」「わからない」がこわくなることがあって、南くんには「大丈夫やで」って言われるけど、大丈夫だと確信できないと不安になって。

僕はお母さんにもお父さんにも大切にされたっていうのは、今になって思う。そのときは気付かないのだけど。でも、中学1年生のときに自分の生活からお母さんが奪われるようなことになって、そこからお父さん一人で、もう定年退職してたから、そっからお父さんは死ぬまでたいへんやったろうなって。

お祖母さんは、お父さんが死んでからも僕が弁護士になるくらいまでは、なんとかがんばってくれていたけど、僕が弁護士になったくらいから、昼間、家で一人でいるのも危なくなって。だから施設に入るのとか、僕がしたんだけど、僕も弁護士の仕事がしんどかった時期で。

そんなとき南くんが一緒にいてくれたのは、それだけで良かった。とりあえず一緒には来てくれたし。老人ホームに入ってからも、お祖母さんと一緒に施設の近所の商店街に出かけるとか、桜がきれいなところに出かけるとか、南くんが一緒に来てくれて。

僕らの関係を説明することはお祖母さんにはできなかったけど、大事にしている人を紹介できたのは良かったと思う。お祖母さんが亡くなったときに事務所に電話がかかってきて、お葬式で遠方の親戚も来て、そのときに南くんを親戚に紹介できたし、お祖母さんのおかげで親族にカミングアウトできたから。

お祖母さん、ありがとう。

エピローグ

社会に向けたカミングアウト

最初は、朝日新聞の『ひと』欄だった。2013年4月に、朝日新聞の「ひと」欄で、同性愛を公言する同性カップルの法律事務所を立ち上げた弁護士として紹介してもらった。そしてその年の8月に、僕らのことを3カ月にわたり密着した『弁護士夫夫』というドキュメンタリーを毎日放送で放送してもらった。

そこから新聞の取材や、雑誌への原稿の執筆、テレビ番組でのVTRコメント、学習会や研修会での講師……といった「LGBTの活動」のお話がどんどん増えた。

でも弁護士としての仕事は、同性愛やLGBTに関係のない仕事のほうが多い。僕は離婚や家族・親子の問題の事件が多くて、吉田くんは少年事件が多い。成年後見や高齢者の財産管理や破産、中小企業の経営者の相談、不動産をめぐる相談も多い。

僕らは、事務所を立ち上げたときは、「同性愛者の弁護士です」というのを広く宣伝しようとは考えていなかった。むしろ僕らにとっては、二人で事務所を開設して、母が事務員として手伝ってくれて、それがひとつの「ゴール」だった。

２０００年に出会って交際をし、家族との葛藤を少しずつ溶かす中で、２００７年に吉田くんが、２００９年に僕が弁護士になった。そして２０１１年に結婚式を挙げ、２０１３年１月に二人で事務所を開設したところで、ひとまずの「ゴール」だった。そのままめでたしめでたしで、二人で小さく事務所をきりもりして生活していくのでもよかった。

だから朝日新聞の取材を受けるときは、「どうしようか」と二人で話し合った。新聞に出たら、これまでのお客さんから「え!同性愛者の弁護士だと知らなかった!ちょっと抵抗あるからお断りします」とか言われたらどうしようとか、そんなことも考えた。第一、僕らが同性愛者であるかどうか、同性カップルであるかどうか、いちいち知らない人にまで宣伝すべきことなんだろうかとも悩んだ。自分の私生活を切り売りするような「イロモノ弁護士」扱いされても嫌だなぁとか、心配を挙げればきりはなかった。

それでも僕と吉田くんは、「自分たちは同性愛者です」「同性カップルです」と宣伝していくことにした。それは「同性愛者だから不幸と決まったわけじゃない」ということを人に伝えたかったからだ。「身近に同性愛者なんていない」と言っている人にもそうだったし、何よりも「同性愛者だから自分には幸せなんてないんだ」と思っている人にもだ。

２０１２年、事務所開設の準備をしていた頃、僕と吉田くんは、アメリカ総領事の公邸であったパーティーに参加した。パーティーの基調講演の中で、宝塚大学看護学部教授（当時は准教授）の日高庸晴先生が、10代で自殺未遂を経験する同性愛やバイセクシュアルの男性の数は異性愛の男性よりとても多いという研究成果を報告するのを聞いた。

僕も吉田くんも、それに驚いたけれど、同時にリアリティをもってその報告を聞いた。僕たちも子ども時代「男の人のことが好きなんてダメだ」「人に知られてはダメだ」「知られたら生きていけない」「幸せな未来なんかあるはずない」と思ってきた。それでも僕と吉田くんは、なんとか勉強する余力があったり、家族がいたり、投げ出さずに生きてきて、その途中でお互いに大切に思える相手と出会えた。

でも、もし僕らが勉強する余力がなかったら。家族に愛情を抱けなかったら。ほかにも社会からの孤立を感じることがあったら。自分の生きる意味を見い出せず「もういいや」となってしまうことは、容易に想像できた。そんなときに「同性愛者だからって不幸と決まってるわけじゃないよ」と、知ることができれば、それだけでもホッとできたんじゃないだろうか。日高先生の報告でそんなことを思った。


その日、パーティーを主催したのは、当時、在大阪・神戸アメリカ総領事だったパトリック・リネハンと、夫のエマーソン・カネグスケだった。外交官のパトリックは、自分の同性パートナーであるエマーソンを家族として一緒に連れて、関西に赴任した。パトリックは総領事として政財界の人と食事するときも、夫であるエマーソンを同伴し、「同性愛者です」「エマーソンは私のハズバンド（夫）です」と自己紹介をした。パトリックは「みんなが知らないからこそ自分は言うのだ」とよく話した。

パトリックたちは、その後、僕と吉田くんを何かにつけて総領事公邸に誘ってくれて、いろんな人を紹介してくれた。「少しずつがんばろうね」といつも言ってくれた。

同性愛者に対する差別はいっぱいある。同性愛者だけではない。生まれたときに社会から割り当てられた性別や性役割に対して「自分は違う」と自覚して暮らすだけで、いろんな差別にさらされる。そして「不幸になる」と決めつけられて、社会の中での孤独感を感じさせられる。
「そんなことはない」「多くの人と違うから不幸せだって誰も決めてない」と声を出すことも容易くはない。社会の中で、「自分は同性愛者です」と大きな声で言える人はまだ少ない。パトリックが「ビービジブル」(見えるようにする、の意)といつも言っていたのは、自分たちのことをわざわざ大きな声で言うことだけでも、意味があるということだった。

僕と吉田くんは、結婚式も挙げて一緒に仕事をして、「同性愛者です」と大きな声で言っても、周りの人や家族との関係がまずくなるとかもない。僕らが「ビービジブル」のひとつになることができればと思って、社会に向けて「弁護士夫夫です」と言うことにした。

アメリカ総領事夫夫と（2012 年 9 月）

希望の岬

僕と吉田くんが、まだそれぞれ別の事務所で勤務していたとある夏、二人で高知県に行きました。高知県を選んだ理由は、吉田くんが当時、高知の裁判所での事件を持っていて、それにあわせて行っただけなのですが。

僕らが交際し始めたのは2000年の冬、2001年の3月に二人で初めての旅行で伊豆に行って、そこからなんだかんだと二人でいろいろなところに出かけました。いつも一緒にいるのに、二人で出かけるともっと楽しい。

このときの高知の旅行では、とりあえず一日目に吉田くんの仕事の高知の裁判所があったのですが、裁判所の入口で、なぜか大阪の大先輩の弁護士さんとバッタリ会いました。「こんなところまで一緒にいるの?」とか言われましたが、僕らとしては、「先生こそこんな遠くまでお仕事ですか?」という感じでした。

高知は、皿鉢料理という、大皿にいろいろな種類の品を盛りつけた郷土料理が有名で、その中でも有名なお店に行って食べました。

僕も吉田くんも食べることは好きですが、僕より吉田くんのほうが食べることが好きです。そして僕は吉田くんがおいしそうにものを食べているのを見るのが好きで、旅行先では吉田くんが何かを食べている写真をとにかく撮りまくります。

だから僕としては、旅行先の選定には、景色がきれいとか、史跡があるとかではなく、どれだけおいしい郷土料理があって、吉田くんがもりもり食べることができるかを特に気にします。吉田くんがおいしそうに食べている写真を撮るために、旅行に行くようなものです。

高知ではレンタカーを借りて、一路、足摺岬へもドライブをしました。あとで高知市内でレンタカーを返したときのお店の人から「本州から旅行に来た人は、みんな足摺岬に行くのですが、私たちからすると、あんな何にもないところなぜ行くのかなって思うのです」と言われました。いやしかし、足摺岬は行った甲斐がありました。

たしかに足摺岬はこれといって目を引くものではないけれど、岬がありました。

僕と吉田くんは、岬が好きです。

吉田くんの両親の骨を散骨したのもとある岬でした。何かと二人で岬に行きます。車で陸地の端っこに行って、岸壁にザブンと打ちつける白波を二人で眺めて、いつもは口数の多い二人なのに、そのときだけはしばらく、海に吸い込まれるように黙り込んで。

なぜか二人とも岬が好きなのです。

岬の向こうには、海が広がっていて、その向こうに何があるのかもわからない。そこには素晴らしい世界があるのかもしれないけれど、僕らはそこには行けない。岬の端っこに立つと、自分の後ろには今、自分の暮らす国のすべてが広がっている。そこには嫌なこともしんどいことも、見たくないこともあるけれど、それを背負って行くのが人生なのかもしれない。

一人だったらしんどかったのかな。でも二人なら楽しいかもしれないね。

岬に立って海を見ているとそんなことを思うことができるのです。

だから僕ら二人は、岬を目指す旅に出るのかも知れません。

おわりに

《南のあとがき》

「二人のエッセイ本を書きませんか」と編集者の方から声をかけてもらったのは、2013年の春だった。きっかけは僕らのことを紹介してくれた朝日新聞の『ひと』欄と、僕が好きなことを書き散らかしているブログだった。もともと目立ちたがり屋の僕は喜んだ。原宿を歩いていたら芸能事務所にスカウトされた……というアイドルのデビューの逸話のような気分だった。

そのときは二つ返事で「書きます書きます」と言ったのに、遅遅として筆は進まなかった。「エッセイ本で好きなことを書ける」という思いだけでは、何を書くのか具体的なイメージはまったくわかなかった。今からたった3年前のことだけど、当時は「同性婚」とか「LGBTの人権」というテーマが新聞の記事になることもほとんどなかった。今みたいに同性愛者が自分のことを語るエッセイ本だけで書店がフェアを開催するなんていうのも、まったく想像できなかった。

そして僕が遅遅として筆を進めないまま、あっというまに2年以上が経過した。その間も編集者さんは、折に触れて「原稿どうですか?」と連絡をずっとくださった。なのに僕は原稿をなかなか書くことができなかった。

ところが僕が遅遅としていた2年間で、日本の社会はずいぶん変わった。同性愛者はじめLGBTが抱える困難を自治体が人権課題として取り組むようになった。世界の国々で同性婚が認められるようになり、アメリカでは連邦最高裁判所が同性婚を認める判決を出した。「LGBT差別禁止法をつくろう」という議論が国会で起こるほどになった。僕もこの間、法律が定める結婚制度をひもといて考える「同性婚」について新書を出すなどもした。

LGBTという言葉が社会で広く知られるようになって、同性愛はおかしいことではないと多くの人がわかるようになったからこそ、ありきたりな「個人のストーリー」

を話すことが大切なんだと僕は感じるようになった。おかげさまで、毎日のようにいろんな自治体や会社や団体から「ＬＧＢＴをテーマに講演してください」というお話をもらう。

講演の中でいつもいちばん「聞いて良かった」と言ってもらえるのは、なぜか自分の話、吉田くんの話、そして母や家族の話である。人権を保障する憲法や条約の話、法律における結婚の理屈というのを、僕は専門分野だから嬉々として話すのだけど、結局それは「弁護士さんの難しい話」になってしまうようだ。

僕は自分に自信があるほうではない。だけど僕が自分のことを語ることが、少しでも誰かの心に残ることなのであれば、それを自分の役割だと受け止めて話していこうと思えるように最近なった。

そしてようやくエッセイ本のイメージが固まった。

３年前に編集者さんから声をかけてもらってすぐだったら、こんなふうに書くこともできなかった。自分のことを良く見せようと違ったことを書いたように思う。僕はけっして「シアワセ自慢」でこの本を書いたのではない。「普通じゃないから不幸せだ」と思っている人に、「どんな人でもそれぞれ幸せなんじゃないの？」と伝えたくて書いた。

自分の毎日を幸せだと僕が思うことができるのは、吉田くん、母、兄、親戚、事務所の事務員さん、先輩の弁護士さん、たくさんの友だち、仕事で関わるたくさんの人、この本の表紙の写真を撮ってくれた映画監督の戸田ひかるさん、そして本書のきっかけをつくってくださった産業編集センターの佐々木さん、あらゆる出会いのおかげだ。

40歳になるのを目の前にして、これまでの日々を振り返って本にできたことを心から感謝します。

《吉田のあとがき》

南くんにエッセイのオファーが来て、僕も共著がいいと言って。だけどいっぱい書くのがめんどうくさいなと言っていたら、僕は南くんの原稿に茶々を入れるという役回りになった。生まれて初めて自分が著者となる本が出るのは嬉しい。そして、自分の言葉を世の中に投げかける責任も感じる。

原稿が書き進んで、ゲラのチェックを何回かして、その都度、僕は南くんのエッセイで泣いてしまった。僕の家族のことを南くんが思ってくれていることとか、僕がしんどくなったときのこととか、出会った頃のこととか単純に懐かしいなぁとか。15年もつきあっていたら、そんだけいろんなことがあるねんなぁって、しみじみすることができた。

南くんのエッセイはおもしろいし読みやすいから、ほんまにたくさんの人に読んでもらいたい。エッセイの中で南くんは何かと僕のことをホメてくれたけど、僕こそいつも南くんの文才やアイデア、音楽とか芸術的なこと、尊敬しているし、羨ましいし、大好きです。

しかし本当に南くんは、つくづく真面目だと思った。後書きにしても、この本を書く意味とか、そこまで真剣に考えていたのかと。それが南くんの偽らざる本心なんだろう。僕もこの本を書くことの気持ちは同じだ。

自分の思っていることや、家族のことや、そして南くんとのことを、その都度、振り返りながら書いた。南くんにも、南くんのお母さんにも、ありがとうという気持ちになれた。

この本を読んだ人が、「こんな人らもいるんや」って、笑ってもらえたらそれがいちばん嬉しい。僕は、これから南くんとケンカするようなことがあったら、この本を読み返して初心に返らなきゃ、となるかな。

ここまで支えてくれたたくさんの人に感謝します。ありがとうございました。

[著者紹介]

南和行 （みなみ・かずゆき）

1976年、大阪府生まれ。大阪府立天王寺高校卒。京都大学農学部、同大学修士課程卒業後、住宅建材メーカーに就職。弁護士を目指すために同社を辞め、その後、大阪市立大学法科大学院にて法律を学ぶ。2009年、弁護士登録。2011年に同性パートナーの吉田昌史と結婚。2013年に『なんもり法律事務所』を設立。LGBTに関する講演を数多く行っている。趣味はピアノの弾き語り。ライブ活動も行っており、オリジナル曲はその素朴な歌詞と美しいメロディで人気が高い。著書に『同性婚』（祥伝社新書）。

吉田昌史 （よしだ・まさふみ）

1978年、大阪府生まれ。大阪府立天王寺高校卒。京都大学法学部、同大学院法学研究科（中退）、大阪市立大学法科大学院にて法律を学び、2007年、弁護士登録。現在、南和行の同性パートナーとして共に『なんもり法律事務所』を運営。家庭では家事全般をテキパキとこなすが、中でも料理のセンスはピカイチ。「自分が食べたいから作る」というのが料理を楽しくこなすコツとのこと。

・なんもり法律事務所　http://www.nanmori-law.jp/
・南和行のブログ　http://ameblo.jp/minamikazuyuki
・吉田昌史のブログ　http://ameblo.jp/nanmoriyoshida

僕たちのカラフルな毎日
――弁護士夫夫の波瀾万丈奮闘記

2016年5月8日　第1刷発行
2018年11月15日　第2刷発行

著　者
南和行・吉田昌史

発行所
株式会社産業編集センター
〒112-0011　東京都文京区千石4-39-17
http://www.shc.co.jp/book/
TEL 03-5395-6133　FAX 03-5395-5320

装丁・DTP
ISSHIKI

印刷・製本
シナノパブリッシングプレス

*

©Kazuyuki Minami, Masafumi Yoshida　2016
Printed in Japan　ISBN978-4-86311-133-2
本書掲載の写真・地図・文章を無断で転載することを禁じます。
乱丁・落丁本はお取り替えいたします。